燃え尽きそうな先生のためのリフレクションガイド

Educating with Passion and Purpose: Keep the Fire Going without Burning Out

著 メレディス・マットソン
レベッカ・ショーフ

訳 佐伯葉子

東洋館出版社

1年目の教師たち——私たちの家族——へ。
そして、永遠の教師たち——私たちの生徒——へ。

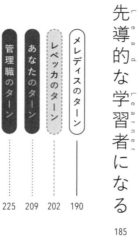

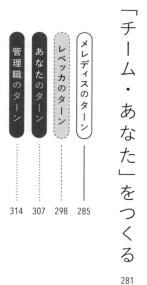

凡例

（1）訳注は割注、原著の注は脚注に示した。
（2）登場する人物の役職などは本国での刊行当時。

はじめに

「自分が理解されていると感じるのは、最高でした。教えるのと同じように、生徒を知ることにも意欲的な先生とは、強い絆とお互いへの尊敬が感じられ、どちらにとってもよいことだったと思います」

——2017年卒、レイアンナ

この本を書いた理由

2020年の3月に新型コロナウイルス感染症のパンデミックが始まったとき、誰もがそうだったように、私たちの人生も激変した。私たちの暮らすニューヨーク市はパンデミックの最初の爆心地だったため、私たちは自分たちの自宅で、それぞれロックダウンとなった。私たちは、どうにか今までと変わらない生活と仕事を続けようともがきつつ、オンラインで連絡を取り合っていた。

そんなふうにして過ごしていた4月のある日、メレディスからレベッカに、次のようなショートメールがあった。「私、まだあの本のこと忘れてないから」。あの本とは、遡ること2013年、それぞれが主任教諭とコーチをしていた頃に話していたアイデアのことだった。そして、その後も定期的に「一緒に中堅教師としての経験をまとめて本を出そう」と言い合いながら、どちらも忙しすぎて、何の進展もないままになっていたのだ。

ところが、2020年の4月、私たちの時間はあり余っていた。そこで、それぞれに書きたいことを書きつつ、週1回のペースで（オンラインで）、お互いが書いた内容について話し合うことにした。そうやって私たちのパンデミックの最初の2年間は、すべて執筆作業に費やされた。パンデミックによって生じた時間を利用し、何らかのプロジェクトに取り組む人が多い中、私たちのそれは本を書くことだった。

最初は、教師のバーンアウトを防ぎ、立ち直る方法について書くつもりでいた。ところが書き進めるうちに、自分たちが「目的」に関する本を書いているということに気づいた。**私たちは経験上、バーンアウトを回避する、またはバーンアウトから回復**

するカギは第一に、自分が教師をしているそもそもの理由を強く意識することにあるのを知っていた。目的を見失わずに持ち続けることができれば、それを判断基準にし、それに合った生き方や働き方ができるようになるだろう。さらに、バーンアウトはその目的と現実とのズレが原因で起こる場合が多い。**だから、教師をしている目的を再び呼び覚まし、目的とつながり直し、目的に強い意志でコミットし直すことができれば、バーンアウトを回避すること、そして立ち直ることもできるはず**なのだ。

この本における私たちの目的は、いま教職にある人が教師として、より充実した素晴らしい生活を、できるだけ長く送る方法を伝えることである。２人合わせて40年に及ぶ私たちの教師や管理職としての体験談。読者であるあなた自身が歩んできた道のりや体験について考えるのに役立つ、リフレクションのアクティビティ。こうしたものを通して、あなたのwhy《動機》――あなたの教師としての力強い目的――とつながり続ける方法が学べる構成にした。さらに、あなた自身のwhyを掘り起こし、育むことで、たとえバーンアウトの原因となるものがあなたからwhy《それ》を奪おうとしても、抗い、手放すことなく持ち続けられるようになるだろう。

なお注意してほしいのは、本書で私たちの体験談を共有する理由は、あなたも同じようにすべきだと伝えるためではなく、**自分たちにとってのリフレクション（教師としての振り返り）がどのような様子だったかという例を示すため**だ。

さらに、私たちの体験が、すべての人に当てはまるとも思っていない。ただ現実にあった出来事として共有するだけで、あなたにはあなたの現実がある。本書は、あなたが日々の生活や仕事で行う選択について、新たな見方を示唆するための例を示しているだけにすぎないのだ。私たちは2人とも都会で教育の仕事をしていた元高校教師（文系）で、経験に偏りがあると思うかもしれない。でも、これからあなたに勧めようとしているリフレクションは、あらゆる学年や教科の、いかなる状況の教師にも実践できる内容になっている。私たち自身も実際に実践し、同僚が行うときにはサポートもしてきた。

この本を読んでほしい人

この本は、個人個人の教師や管理職に向けた内容であると同時に、**教師のバーンア**

ウトには構造的な要因があることも伝えている。

私たちは、教師や管理職に対する要求がとくに高い学校や学区において、教師という職が生涯続けられるものになるために必要な、組織的な改革を強く支持している。ただし、この本は「今」サポートを必要としている人、「時間がかかる組織的な改革は待てない」という人たちに向けて書かれている。つまり、教師個人が労働条件と生活の質を改善するためにできることに焦点を当てている。

もちろん、教師や子どもによい影響のある組織的改革に向けて取り組んでいる研究者や労働組合などには感謝しているし、パンデミックの影響でバーンアウトの要因が増えたことも認める。でも、それらの要因はずっと以前から存在したものだ。パンデミックは大きな出来事だったが、問題はそれではない。私たちは、自分の目的を振り返り、つながることこそ、困難な状況にある教師が前へ進む方法だと信じている。

とくに新人〜中堅の教師には、本書を是非読んでもらいたい。この本で紹介するアドバイスの多くは、私が教師になる前後や、バーンアウトに苦しみ教師を続けるべきか迷っていた頃に欲しかったものばかりだ。教師になってすぐの人、そのサポートをする人、あるいは教師を続けるか迷っている人にとって、この本で紹介する体験談やリフレクションのアクティビティが、より長く充実した教師生活を送る手助けとなるよう願っている。

教師は地球上でもっとも素晴らしい職業であると同時に、もっとも大変な職業でもある。自分ひとりの力でこの仕事を続けていける教師はほとんどいない。長ければ何年にも及ぶ苦しい日々を、何の戦略も持たずに耐え忍ぶこともできないはずだ。

どの生徒にとっても、心身ともに健康で幸せを感じている教師に受け持ってもらえたほうが好ましい。そのためには、教師が自分自身を振り返り、癒され、教師という仕事の核―生徒の存在こそがこの仕事の中心であること―に向き直る機会が必要だ。本書の各章が、生徒または卒業生の言葉で始まるのはそのためだ。

また、私たちが目指しているのは、何が何でもすべての教師を教室に留めることではない。むしろ、どの教師も自分の目的を理解し、それがどんな内容であれ、それに合った生き方ができるようになってほしいと思っている。

もう一つ留意してほしいのは、**私たちはメンタルヘルスの専門家ではない**ということだ。もし危険な状態にある場合は、あなたの愛する人たち、生徒、同僚、それから、誰より自分のために専門家に相談してほしい。

この本の使い方

この本の各章は、章ごとのテーマに合わせて、

①私たちのリフレクション メレディスのターン と レベッカのターン

②読者であるあなたへの質問とアクティビティ あなたのターン

③ 管理職のターン

という構成になっている。なぜ、私たちの実体験を共有しているのかというと、自分たちも教師時代に、あなたのターン にある質問やアクティビティに取り組んだ経験があり、それを示すことで、私たちの考えが少しでも伝わりやすくなると考えたからだ。

それぞれの体験談を読むことで、リフレクションという作業がイメージしやすくなることを願う。私たちが教師になって20年以上経つ今も続けている、なくてはならない、やり甲斐のある、でも厄介なこの営みを。ただし、内容に共感できない、あるいは、

まず質問やアクティビティに取り組んでみたい場合は、遠慮なく あなたのターン まで飛び、対応する付録のワークシートに取り組んでみてほしい。

この本では、第1章・第2章で自分の目的を明らかにし、その目的に合った行動や体験ができていないとどうなるか（バーンアウトだ！）に注目する。そのあと、続く残りの章で、目的に合った決断の仕方について説明していく。それが、バーンアウトの進行を防ぎ、教師の仕事を長く続けることにつながるだろう。自分のwhyとつながり続けることで、何に対してイエス、あるいはノーと言うべきかが正しく判断できるようになるはずだ。

私たち自身も教育者なので、人によって学び方が異なるのは十分に理解しているつもりだ。そのため、あなたのターン で紹介するアクティビティは、自分にもっとも効果的だと思える方法で取り組んでほしい。

例えば…

- 質問を読み、少し時間を置いてから頭の中で答えを考える。
- 質問に対する答えを紙に書く。または、スマホやパソコンなどに記録する。
- この本を読むあいだ専用の日記やブログを準備し、そこに質問の答えを書く。

- 質問の答えをスマホで音声か動画に残す。
- 音声や動画として記録した答えを、好きなプラットフォームを使って仲間たちに共有する。
- 質問に対する答えを読書グループや仕事仲間、その他の読書コミュニティに共有し、ディスカッションをする。
- 既存のＰＬＣ（Professional Learning Communityの略で、専門的な学習共同体と訳されることもある。持続的に学び合う職員を中心としたコミュニティのこと）、あるいは、新しいコミュニティを作り、その中でこの本のアクティビティに取り組む。週に1章ずつ読み進め、個別または全体で取り組む質問とアクティビティを決め、お互いにリフレクションの内容を共有し、コミュニティとして次のステップに進むためのモチベーションにつなげる。
- 巻末にあるワークシートに取り組む。

なぜリフレクション（振り返り）が重要なのか

充実して持続可能な教師生活を送りつつ、心身の健康と良好な人間関係を維持し、さらにはプライベートでも目標や夢を叶えるのは、一朝一夕にはいかない大変な作業だ。この本を一度読み、すべてのリフレクションのアクティビティをやったからといって、バーンアウトから一生逃れられるわけではない。むしろ、自分の目的とつながり、向き合うという作業は、**教師として歩み続ける中で何度も立ち返って繰り返しやらなければならない作業**なのだ。なぜなら、私たちの多くが教育の道を選んだ理由と、今の学校が教師や生徒に求める内容とのあいだには、大きな溝ができてしまっているからだ。教師とは、社会でもっとも難しい任務を任された仕事だ。地に足をつけ、バランスを保ち長く続けていくには、目的を振り返る時間がとくに重要な職業なのだ。

学校のマジョリティとマイノリティ

今のアメリカの教師には、学校における人種差別に率先して反対することも求められている。反人種差別教育は、BIPOC〔Black, Indigenous, People of Colorの略で、黒人、先住民、有色人種のこと〕の生徒を受けもつ白人教師のみを対象とする場合もあるが、BIPOCの生徒が大半を占める地域の教師たちにとってはもはや必須になっている。

本書の著者である私たち2人はどちらも白人女性で、教師人生のほとんどをBIPOCの生徒が多い地域で過ごした。そのため、若い世代やその家族にさらなる害が及ばないよう、自分たちのアイデンティティが生徒や学校に与える影響に自覚的であろうと今日まで努力を続けている。

さらに、反人種差別教育は白人の生徒を受けもつ教師にとっても重要であることを強調しておきたい。なぜなら、白人至上主義を繰り返さないためには、すべての子どもに対する白人至上主義の洗脳をストップさせるしか方法がないからだ。学校はその洗脳がもっとも起こりやすい場所であり、それこそが、私たちが振り返りを重要な作業として考え、日々取り組んでいる理由である。

そして繰り返すが、この本は、あなたがあなた自身の目的——あなたの人種的アイデンティティがそれにどう影響しているかを含めて——をより深く理解する一助となることを願って書かれている。しかしながら、私たちは反人種差別教育の専門家でもなければ、この本は反人種差別教育の実践のために書かれたものでもない。真剣に反人種差別教育に取り組みたい場合は、第6章で紹介している本や研修、団体、専門家、学習コミュニティを参考にしてほしい。

私たちは教育者として、そして一人の人間としても、常日頃から反人種差別に取り組んでいるが、たまに失敗しているだろうことも自覚している。それでも諦めずに取り組み続けているのは、教師が学校や教室、社会における白人至上主義の影響に無関心でいることが、いかに若い世代やそのコミュニティにとって有害かを理解しているからだ。かの有名な『天才を育てる：文化的・歴史的にも効果があった識字教育を平等に行うためのフレームワーク』（未邦訳）の中で、著者のゴールディ・ムハマッドは次のように書いている。「私たちは人生を通して、抑圧に抗い、反対する若者たちを育てたい」。教育者には、そうした若者たちに力とやる気を与え、支える責務がある。そして、それは私たちが日々、子どもたちに教え導いている場所——学校や学区——から始まっているのだ。

メレディス・マットソン

Meredith Matson

生徒たちを大学やその先の社会に備えさせるという使命を持った、ニューヨーク市内にある建築や芸術に特化した小さな高校の校長。教育者となって21年間のうち、教師を11年間と副校長を5年間務め、以降の5年間を校長として過ごしている。教師時代は、多数の新米教師や教育実習生のメンター、歴史科の主任、10年生の学年主任を務め、レベッカとともに校内研修を主導し、管理職チームの常勤のメンバーとしても活躍。教育哲学は、生徒や同僚との関わりにおいて、高い期待、人間関係の構築と振り返りを推進すること。バーモント大学で中等教育と社会学を学び、ペース大学にて学校管理職学の修士号を取得。さらに、自身を生涯学習者と見なし、本書の執筆中にモロイ大学にて学区長認定プログラムを修了。ニューヨーク州ボールドウィンに、夫のマイクと2人の息子たちのマックス（11歳）とルーク（8歳）、犬のマーシーと暮らす。

レベッカ・ショーフ

Rebekah Shoaf

ニューヨーク市を拠点とする教育コンサルタント。

ブロンクス（に限らずどこでも）の小さな子どもやティーン、家族、教育者向けの本を置く「壁がない本屋」(a bookstore-without-walls®) のブギー・ダウン・ブックスと教育コンサルタント会社のワット・イフ・スクールズの創設者とオーナーでもある。

教育者として歩んだ20年間では、高校の国語教師や大学院教授、教員と管理職のコーチ、教員研修のファシリテーター、カリキュラム・デザイナーを務めた。フロリダ州マイアミ出身で、生涯の読書の虫、公立学校と私立学校のどちらにも通った経験を持ち、ハーバード大学をマグナクムラウデで卒業、ナチュラル・グルメ・インスティテュートでシェフ養成プログラムを修了。愛車はピンクのベスパ。6人の読書好きの甥と姪の叔母でもある。

Chapter 1

Finding Your Purpose

あなたの目的を見つける

「仕事が大好きな先生は、すぐにわかります！　私の学校での一番の思い出は、この学校にいる先生や職員のみなさんに支えられていると感じられたことです。1人でも自分を信じてくれている先生がいれば、それより嬉しいことはありません」

――2010年卒、マーサ

教師の仕事とは、タイムカードを押した、あるいは教室に入った瞬間から始まり、学校を出た途端に終わるものではない。これは、まさにあなたが目的とつながり続けるべき理由でもある。大変なとき、そのことから一瞬だけ——1日や週末のあいだだけ——逃れるのは、なかなか難しい。それどころか、問題を家まで持ち帰って背負い続けることで、バーンアウトの原因となるストレスや疲労につながってしまう。教育者として、私たちは自分の目的や情熱を深く理解している必要がある。そうすることで、生徒たちのために学校へ行こうという意欲が湧き、さらに、心の中の炎を燃やし続けられるようになるはずだ。

あなたのwhy《動機》は、限界を感じ始めたときにあなたのライフライン《命綱》となるかもしれない。マッサージやNetflixは一時的な慰めにしかならないが、whyは何度でもチャージができる活力の源になる。whyとつながり直すという営みは、HP（ヒットポイント）が少なくなったビデオゲームのキャラクターがエネルギーを回復するようなものなのだ。自分の目的を召喚することで、それと同じ効果が得られる。

自分自身の目的と深くつながるには、それがどこから来ているものなのかを理解するところから始めなければならない。あなたが教師になりたいと思ったきっかけは、どのできごと、あるいは誰だったのだろう？　私たちが出会ってきた中には、自分の真のwhyをうまく表現できない教師たちもいた。教師を志した表面的な理由はスラスラと答えられるのに、今も教師を続けている理由となると、うまく説明できないのである。なかには、子どもたちと接することがどれほど好きか語った教師や、影響を受けた恩師の話をした教師もいたし、教えている内容に情熱を持っている教師や、大学で取得した学位の有意義な使い道として教師になったという人もいた。どれも教師になった重要な要因には違いないが、教師を続けてこられた理由とは言い難い。この章では、私たちが自分たちの教師としての目的を見つけたときの話だけでなく、あなたの目的を明らかにし、深くつながるための質問を紹介する。

この章のリフレクション

メレディスのターン

メレディスの両親が、どのようにして彼女のwhyに影響を与えたか。

レベッカのターン

学校と学習に対して抱いた違和感が、どのようにして彼女のwhyに影響を与えたか。

あなたのターン

教師としてのあなたの目的を見つけ出し、それとつながり直し、問題がある場合はトラブルシューティングをして、目的をよりクリアにする方法。

この章のポイント

・あなたが教師になった目的をより明確に掘り起こす。
・自分の目的を理解するために、自分が生徒（学習者）だった頃の経験を掘り起こす。

管理職のターン

学校や学区にもコミュニティとしての目的が必要な理由。

メレディスのターン

私のwhy《動機》、私の原動力

私は、かなり若い頃から教師になりたいと考えていた。自分が思い描くスーパーパワーを手に入れたかったからだ。生徒たちが、サポートされ、愛され、試されていると感じられる場所。気軽に質問し、のびのびと成長し、自己表現できる場所。そういう場所が作りたかった。そして、過去の出来事について学び、疑問を持ち、それらを現代社会と結びつけて考えることができる、歴史の授業を好きになってもらいたかった。いつの時代も、自分たちを尊重し大切に思っている教師が学校にいると思えるのは生徒たちにとって非常に重要なことであり、それが私の教師を志したwhyでもあった。

そして、学校の管理職となった今も、このwhyは私の原動力になっている。教師になってすぐの頃は、まさか自分が校長になるとは思っておらず、退職までずっと現場教師のままでいるつもりだった。ところが教師生活の後半に、気づいてしまったのだ。

私が実際に影響を与えられるのは自分の力が及ぶ範囲――つまり、自分の教室にいる生徒たちのみ――に限られること。さらに、学校中の生徒に影響を与え、個々の目的を持った教師たちが集まる学校を作りたいと自分自身が思っていることに。

この考え方の変化に伴って、私は自分の目的が成長していることを自覚すると同時に、それが管理職としての原動力にもなった。そう、**whyは成長する**のだ――そしてそのwhyが、その人をまったく異なる立場に向かう力さえくれることがある――と私自身が気づいたのだ。

痛みと喪失

私が育ったのはアッパーミドル層の家庭で、父はいつも働いていて、母は働きたいときに働くという感じだった。彼らは教育関係の仕事ではなかったが、どちらも私の「教師になる」という夢に、さまざまな影響を与えた。母は、晩年は体調を崩しがちで、もし健康だったら働いたかもしれないが、実際には無理だった。そんな彼女が常に最優先にしていたのが私と弟の世話をすることで、体調が悪化してそれができなくなると、ものすごく傷ついていたようだった。

母は、私が7歳のときに多発性硬化症〔中枢神経系の難病〕と診断された。寛解しているときもあれば、炎症が起こり、身体の片側が麻痺するか一時的に失明するなどして、入院することもあった。そういうときでも、母が痛みを訴えたことは一度もなく、それどころか、いつだって家族や友人たちの力になってくれた。病床で、私たちのとりとめない話を聞くのに、一体どれほどの気力がいったのだろう。常に笑顔で耳を傾け、調子がよいときは、新学期に必要なものの買い出しや学校の先生との面談、家族団らんの場に必ずいてくれた。自らを奮い立たせ、いつも私たちを近くでサポートしてくれた。

私は、自分が母の強さと気力を受け継いでいて、そのお陰で教師になるという人生の目標を達成できたと思っている。孫の顔を見ることなく死んでしまうだろうことを自覚しながらも、身体の痛みに耐え毎朝ちゃんと起き上がっていた母の強さから、今も日々、刺激をもらい続けている。彼女の強さは私の中に生きていて、心が弱ったり、不安な気持ちになったりしたときに、元気と力を与えてくれる。

高校生の頃、私が母の世話をしなければならないことが度々あった。歯を磨き、髪を梳《と》かし、着替えさせ、トイレの介助までしたことがあったが、いつも私の目を見て微笑み、私を誇りに思っている、愛している、と伝えてくれていた。私が自分の目標や願望を諦めずに、自分がなるべき教師になれるよう努力を続けられるのも、母から受けた刺激と与えられた強さが、今も変わらず自分の中に生きているからだ。

透明になる

高校生の頃の私は、課題や提出物をきちんと出す優等生タイプだったにもかかわらず、成績はクラスのトップに遠く及ばなかった。勉強の才能に恵まれていなかった分、宿題は必ずやり、試験勉強にも一生懸命取り組む生徒だった。また、十分な時間をかけないと単位が取れなかったため、ベッドから起き上がるエネルギーがないようなときでも学校の勉強にだけは必死で取り組んだ。先生や家族の期待を裏切るのが嫌だった。12年生〔アメリカの高校は9〜12年生の4年制〕のときには、父と、母のお気に入りの介護士のベティとの3人で母の介護をすることになった。多発性硬化症は母の身体を麻痺させ、視力を奪った。そして母は、私の高校卒業式の日に昏睡状態となり、そのまま目覚めなかった。

私がどうやって悲しみと喪失に対処していたか？　マリファナを吸い、自分を大切にしなくなり、ほとんどの日をパジャマのまま遅れて登校するようになっていた。そして昼休みになると、友人たちが私を取り囲み、もっと自分を大事にするよう説得してきた。何度か、親友だったアリーの家へ行き、タオルと石鹸を渡され、シャワーを浴びてから一緒にランチを食べに行こう、と言われたのを覚えている。毎日着替えることなくパジャマで登校していたし、もし彼女の家でシャワーを浴びていなければ、きっと何日もシャワーを浴びずに過ごしていたはずだ。

昼休みに家へ帰り、マリファナを吸ってから学校に戻る、ということも頻繁にあった。今なら当時の自分が臭っただろうことも、汚かっただろうこともわかる。**にもかかわらず、友達以外には何も言われなかった。**まるで、スクールカウンセラーや先生たちにとって、私は透明人間のようだった。毎日のように遅刻しては、学校の事務に、私の筆跡で書かれた母の署名入りの遅刻届を出していた。念のために言っておくと、母は麻痺していて書けないから、自分で書いていただけだ。それでも、呼び出されたり、学校が何らかのサポートを申し出てくれたりすることはなかった。こうした「ノンアクション」は、私が教育者となった今もなお研鑽を続ける原動力になっている。**私は、私の教室や学校にやってくる、深い悲しみや喪失を感じているすべての若者に、彼または彼女は独りではないし、透明人間などではないことが、確実に伝わるようにしたい**と思っている。

管理職としての原動力

一方の父のことで思い浮かぶのは、**会社をうまく回すため、要求をきちんと口にする、並々ならぬ決意を持ったリーダーとしての姿**だ。彼が経営していた会社は、もっとも成功した「大きいサイズ」のレディースアパレル会社のひとつで、マンハッタンにショールームが、お隣のニュージャージー州に工場があり、150人の従業員を抱えていた。子ども時代の大好きな思い出のいくつかは、マンハッタンで仕事をする父についいて行ったときのものだ。向かう車の中で、自動車電話（そう、携帯電話やスマホではなく、自動車電話である）に仕事の電話がかかってきて、1日の予定を立てていた父の様子を今も鮮明に覚えている。さらには、従業員たちとの電話で熱く語っているのを聞きながら、父の下で仕事をするのは大変だろうなと思う一方で、それも彼が成功している理由のひとつだろうことも理解していた。父は、自分の仕事を信じ、期待と目標を明確にすることで、お客さんを必ず幸せにできると考えていた。そして仕事場に到着すると、従業員用の朝食や昼食をオーダーし、会社のキッチンを常に食べ物やお菓子で満たしておくだけでなく、営業チームが新たなクライアントを獲得したときや、制作チームが自信を持てるよう、よく褒めていた。

さらに、父は毎日仕事から帰ってくると、母の痛みを軽減し、少しでも生活の質を高められるよう、できる限りのことをしてあげていた。その様子からは、痛みを完全に取り去ることはできないと知っていても、何としても楽にしてあげるんだという決意が見えた。母が階段を上がれなくなると階段昇降機を取りつけて1日中2階にこもりきりにならないようにしたり、それまでのベッドで眠れなくなれば介護用ベッドを買い、車に乗り込むことができなくなると、特別仕様の介護車に買い替えたりした。父は、母ができるだけ長く生きられるよう、全財産を投じていた。

母を支えながら事業を続け、同時に私と弟を養ってくれた父の強さも、私が学校管理職になった理由に含まれているのだろう。家族がガラガラと崩れていく最中でも仕事を続けていた父は、自分に母の痛みを取り除くことができないのを知った上で、それでも彼女の世話をすることを諦めなかった。

管理職になるチャンスが訪れたとき、私は自分の影響力はもっと高められること、さらに、自分のwhyを大きくできることに気がついた。**もう教室にいる生徒たちだけでなく、学校で起こるすべてに対して責任がある**のだ。私が父とつながったのは、このときだった。父の情熱とリーダーシップが、自分にも学校を率いることができると信じさせてくれた。管理職になれば、難しい話し合いをしたり、大きな影響力を持つ決断を迫られたり、普段の控えめな話し方ではなく、はっきりとした口調で意見を主張しなければならない場面も出てくることはわかっていた。でも、生徒と学校のニーズや目標が一番大切だとわかっていれば、私はどんなことでもできるともわかっていた。この情熱と原動力は、教師をしていたときに常に自分の中にあったし、学校を率いる立場となった今もなお、私を突き動かし続けている。

レベッカのターン

「学校での勉強」vs.学び

※P.40まで性加害に関する表現があります。

成績優秀で、おそらく多くの教師にとって「理想の生徒」だったはずの私は、学ぶことが好きでたまらない、というわけではなかった。完璧主義で間違えるのが怖く、いかなる失敗も許せない性格で、学業において「完璧」あるいは「A」「最高」「1位」以外は、すべて失敗と同じだった。学校は自分が輝ける場所であると同時に、一歩でも間違えれば大惨事となりかねない地雷だらけの危険地帯でもあった。もしテストが満点でなければ、クラスメートや教師から、何かあったのかと聞かれたほどだ。そういうときは、下へ落ちる以外に行くところがないような気分になった。

それに対して、本を読んで自分で学ぶのは、また別の話だった。「読書好き」という言葉だけでは、私と本との関係を語ることは到底できない。睡眠時間と削ってでも本を読んだし、車の中、スーパー、教会、親戚の集まり、スクールバスの中など、本を持ち込める場所ならどこででも読んだ。小学2年生のある日、クラスメートの音読を聞いているはずのときに、膝の上でこっそり『秘密の花園』を読んでいるところを見つかり、怒られたことがあった（先生と母は知り合いだったため、学校で怒られたことを家で怒られることのほうが恐怖だった）。私はとにかく、読めるものなら何でも読む子どもだったのだ。

私の読書人生の最大の支持者は、両親もだったが、とくに祖母だろう。母は車で私を地域の公立図書館に連れて行ってくれ、子どもの本のコーナーを歩き回り、「私の」図書カードで本を借りてくれた。また、図書館にあったティーン雑誌にも夢中だったことから、複数の雑誌の定期購読に申し込んでくれた。さらに8年生〔アメリカの中学校の最高学年で、日本の中学2年生にあたる〕のときには叔母のクレアが、すべてのティーンの憧れ、『Sassy』〔80〜90年代に刊行されたティーン雑誌〕の定期購読を申し込んでくれ、『ウィーツィー・バット』（東京創元社）や『ギルバート・グレイプ』（二見書房）、ブレイク・ネルソンの『ガール』（未邦訳）などの名作文学の存在や、父の古くなったワイシャツをスカートにリメイクする方法、陰毛が多すぎることはないという事実を学んだ。

私にとって、「読書」と「学校での勉強」は結びついていなかったため、本を読むことで新たな世界や文化、食べ物、生活、場所、音楽、習慣など、さまざまな発見をするのが好きだったにもかかわらず、読書が「学び」になるとは思っていなかった。**私の頭の中では、「読書」は「学校での勉強」とは全くの別物だったのだ。**小学校の頃は読むといえばもっぱら教科書（のなかにある文章）がほとんどだったが、年齢が上がるにつれ、学校で読まされるそうした「本」は自分が実際に読みたい内容――生意気な妹や余命わずかなバレリーナ、初潮を迎える女の子、チアリーダー、高校生の新聞編集者、ロッカーでたむろするフットボール選手が出てくるような――とまったく違うものになっていった。11年生で選択した舞台芸術の授業を受けるまで、学校の課題で自分の好きな本を選ぶことはできなかったという記憶がある。

この舞台芸術の授業では、配られたリストの中から、私はジャック・ケルアックの『路上』（河出書房新社）を選んだ。この授業を担当したリオン先生は、生徒たちがやる気になる教え方をするという点で、他の先生たちとは明らかに違った。とくに、創作文の書き方を学ぶクリエイティブ・ライティングの授業で、題材を探すために学校の外に連れ出されたのは、人生でもっとも記憶に残る学習体験となった。私はその日に見かけた、きゅうりをたくさん積んだピックアップトラックについて書き、その作文のお陰で大学に入れたようなものなのだ。

　通っていた高校は、あらゆる意味において、若いアーティストとしての原体験ができる、私にとって転機となる場所だった。演劇やダンス、音楽のプロと一緒に学んだり、多くの高校にとっては夢のような潤沢な予算がある舞台で演じたり、自分たちが書いた脚本で、本物の観客を入れて劇を上演したりした。それは確かに、多くの高校生が経験するより遥かに寛容な環境で、大人たちは生徒の創造力と自立心を信頼していたかもしれないが、だからと言って、完璧な場所というわけでもなかった。**私のような学業成績が優秀な白人生徒のために作られた教育システムではあったが、学習者として常に安心し、肯定され、奮起させられたかと聞かれれば、そうでもなかった。**

　ほとんどの授業で、生徒は列になって座り、ノートを取り、教科書を使って学んだ。毎朝、もはや段落のような長さの単語の定義を黒板から書き写させる英語教師がいたかと思えば、勉強に苦戦する生徒を「それでは賃金の低い、つまらない仕事にしか就けないぞ」とからかう数学教師もいた。さらに、バレエ講師からは、居残りさせられてまで「痩せればもっとよいダンサーになれる」と言われ、進路指導教員には、「成績が下がるかもしれないから、微積分学のＡＰクラス〔Advanced Placementの略で大学の単位としても認められるハイレベルのクラス〕は取らないほうがよい」と言われた。他にも、劇のキャストを集めたパーティーで、魅力的な生徒をレイプしよう、などとジョークを飛ばす大人のディレクターたちの声が聞こえてきたり、女子生徒を自分の膝に座らせたかと思えば、あるときは私が着ていたシャツのボタンの穴に指を突っ込んで肌を触ってきたこともある、日常的に性加害まがいの行為をする歴史の教師までいた。

さらに、**教科教育と芸術教育のどちらのカリキュラムでも、白人による作品ばかりがもてはやされた。**ひとつ上の学年の黒人生徒たちが、BIPOCの作家や作曲家、クリエーターの名前を公共の場で読み上げて、演劇科のイベントを中断させるという抗議活動をしたこともあった。それまで、私たちはそういったアーティストや作品を、一度も学んだり上演させてもらったりしたことがなかったのだ。

この高校では、物書きとしても演者としても、大きく成長できたと思っている。だが、それと同時に、学校とは必ずしも信頼できる大人たちばかりがいる場所ではないし、自分が学びたいことを好きなように学べる場所でもないことを、身を持って経験した。それどころか、しょっちゅう周りに自分の力を誇示しなければならない、紛争地帯のようだった。学校とは、言われたことを言われたとおりにやり、**「そうすべき**

だから」という理由だけでノートを取り、テストでは満点を取らなければならない場所だった。失敗など許されない。

その一方で、読書や学校外での学びは、自分だけのものだった。たとえば、貪欲に手あたり次第に読みまくり、全国にいる文通相手と手紙のやり取りをし、雑誌では読んだことがあるけれどラジオでは聴いたことのない音楽のアルバムを買ったり、読んだり聞いたりした名言を日記に書き溜めたり、母の古い料理本にあったレシピで料理をしたり、ビンテージの服を求めてリサイクルショップを探し回ったり、地元紙で読んだ映画レビューやイベント情報をもとに、実際に映画館やイベントに行ったりするようなことすべてだ。

自分のwhyを見つける

それから長い年月が経ち教師になった私は、多くの生徒が「学校」や「学び」について、自分と同じ経験をしていることに気がついた。多くの哲学者や教育研究者が二項対立を主張しているように、**「学校での勉強」と「学び」とが、それぞれ全く異なる領域で行う営みになってしまう経験だ。**私の生徒たちも、私がしていたように、ただ毎日学校に来て、言われたことを、言われたやり方で、言われたときに、言われた場所でやっていただけだったのだ。そして、やはり学校で読み、書き、話し合うものの内容については、ほとんど選択肢を与えられていないのだった。彼らが情熱や好奇心を持って学業について語ることは滅多になく、だからと言って、学びたい、知りたい、と思うものが一切ないというわけでもなかった。けれどもそれらを感じるのは学校においてではなく、学校にいる大人たちには単なる趣味と見下されてしまうようなことを行うときだった。詩を書く、ビデオゲームをマスターする、音楽を作る、家族と料理をする、絵を描く、ダンスの振りつけをする、服にオリジナルのデザインをシルクスクリーンでプリントする、近所の写真を撮る、漫画を読む、ヘアスタイルやメイク、ネイルを考える、ジャンプシュートを確実に決める練習をする、など。彼らは、自分の思ったようにできる環境ではものすごく熱心に学んだが、その学びは学校でのそれとは異なると感じていたのだ。

私は教師として、リオン先生が私たちを学校の外へ連れ出し、作文の題材を探させてくれたときに感じた驚きや可能性、主体的に学ぶという感覚を、自分の生徒たちにも感じてほしかった。そして、リオン先生以外のほとんどの授業で感じていた、「学校での勉強」は自分以外の誰かのため、「学び」は自分のため、という感覚は絶対に持ってほしくないと考えていた。私のwhyは、学校がすべての学習者――生徒たちと大人たち――の好奇心に火をつけ、彼らがたくさんの疑問を持つことができる、楽しく、活気のある、魅力的な、力になる学習体験を提供する場所になることだ。

あなたのターン

あなたの目的を掘り起こすのに役立つ研究

whyが持つ力を理解する上で重要な人物の一人に、サイモン・シネックがいる。彼に関する情報や著書『Whyから始めよ！　インスパイア型リーダーはここが違う』（日本経済新聞出版）についてはインターネットですぐに調べられるはずだが、まずは「優れたリーダーはどうやって行動を促すか」という彼のTEDトークを見ることをお勧めしたい。主にビジネスや産業における話ではあるものの、彼が提唱する組織のwhyを発見するための理論は、個人にも当てはめることができるはずだ。なかでもゴールデンサークル理論は、とくに説得力がある。シネックによると、多くの組織や組織のリーダーは、自分たちがwhy《なぜ》それをしているのかではなく、what《なに》をしているのか、から始めている場合が多いとし、そうではなくwhyから始めるほうが、人のやる気や興味をより効果的に引き出せるという。これは、教師にもそのまま当てはまるはずだ。**私たちの仕事におけるあらゆるwhatは、大きなプレッシャーや負担になりやすい**。ところが、自分のwhyと再びつながることで、それらのwhatをすると決めた、そもそもの目的を思い出すことができる。

もう一人、私たちが影響を受けたのが、作家で思想家のプリヤ・パーカーだ。彼女もシネック同様、とくに教育分野の仕事をしているわけではない。実際の肩書きは紛争解決のファシリテーターで、著書『最高の集い方　記憶に残る体験をデザインする』（プレジデント社）では、学校や教室を含む、あらゆる集い方を変えるべきだと論じている。私たちが彼女から学んだのは、「5つのwhy」だ。パーカーは、この手順を使って集うことの目的を明らかにしたが、私たちがいろいろと試したところ、個人のwhyを理解するのにも大変便利なツールになることがわかった。

手順

1．自分の目的――この場合は、教育者としての目的――を書き出す。
2．自分自身にwhy《なぜ》と問いかけ、1．の目的の下にその答えを書く。
3．もう一度、自分自身にwhyと問いかけ、それも書き足す。
4．もう一度、自分自身にwhyと問いかけ、それも書き足す。
5．もう一度、自分自身にwhyと問いかけ、それも書き足す。
6．もう一度、自分自身にwhyと問いかけ、それも書き足す。
7．一番下に、もう一度自分の目的を書く。最初に書いた目的から変わっていないだろうか？　きっと、変わったはずだ。自分の目的だと思っていたものを一層ずつ剥がしていくと、自分の目的の「本質」に辿り着くことができるのだ。

巻末に、この「5つのwhy」のワークシートがあるので、教師としての自分の目的を明らかにするだけでなく、チームやイベント、ミーティング、クリスマスパーティといったイベントの目的を明確にするのにも使ってみてほしい。グループや集団で使う場合は、参加者全員にやってもらい、それぞれが書いた内容を共有し、共通点や違いを探してみよう。その後、共通していた、あるいは異なっていた目的を振り返り、それがそのグループあるいはイベントにとって、どのような意味をもたらすかについても考えてみよう。

あなたのwhyを掘り起こす

あなたの目的を明らかにする次の質問のうち、どれか1つ、あるいはすべてに対する答えを文章に書いたり、絵に描いたりして表してみよう。

- あなたが子どもの頃、学校のことをどう思っていた？

- あなたが子どもの頃、学校での体験の基準となっていた人や出来事は？
- あなたが子どもの頃、教師とは何をする人だと認識していた？
- 代々、あなたの家族にとって、教えることや学ぶことはどんな役割を持っていた？
- 生徒や教師として、あなたが家族から受けた影響は？
- あなたが、教師になりたいと思ったきっかけは？
- あなたが初めて教師になりたいと思ったのは、いつ？
- あなたは、どうやって教師になったのだろう？
- あなたは、なぜ教師になったのだろう？
- あなたは、なぜ教師を続けているのだろう？
- あなたの教師としてのキャリアが確立したのは、どんな学校で？
- 学級担任ではない場合、教師としての自分の役割は何だと思う？

これらの質問をまとめた、「あなたのwhyを掘り起こすリフレクション・ツール」のワークシートが巻末にあるので、是非使ってもらいたい。どの質問も、教師たちが互いの新たな一面を発見するきっかけにもなるため、会議やワークショップでのアイスブレークやオープニング・アクティビティとしても役立つはずだ。同僚と毎日のように顔を合わせているとしても、これらの話題について話したことがあるとは限らない。さらには、共通の目的を通して、新しい人間関係や連帯感を築くこともできるだろう。

あなたのwhyを磨く

自分のwhyを明確にできたら、以下の3つの質問を使ってさらに理解を深めよう。

- あなたの教師としてのwhyは、これまでどのように進化してきた？
- 自分のwhyとのつながりが途切れたことはある？　なぜ？
- 教師として過ごす中で、あなたのwhyはどう変わった？　なぜ？

あなたのwhyを増幅させる

この本を読むあいだに考えてみてほしい。あなたが日々の生活でwhyを忘れずにいるためには、どのような「リマインダー」があるとよいだろう。どうすれば、あなたの中にいる目的の音量を上げ、いつでもあなたの心の中心に据えられるようになるだろう？

お勧めの方法

- あなたのwhyを付箋に書き、パソコンやノートなど、よく持ち歩くものに貼る。
- あなたのwhyの写真を撮り、スマホやパソコンなどの壁紙に設定する。
- あなたのwhyを声で録音し、アラーム音として設定する。
- あなたのwhyを表すしぐさや動きを決め、それをするたびに思い出せるようにする。

- あなたのwhyを文字にする、絵に描く、あるいはCanvaなどの編集ツールを使って一枚の紙に収め、机や冷蔵庫など、頻繁に目にする場所に貼る。

できたらやってみよう

同僚たちにも彼ら自身の目的を掘り起こしてもらい、それを廊下や職員室などの掲示板に貼らせてもらう。

もっとできそうなら

生徒たちに彼らの学習者としての目的を掘り起こしてもらい、それを教室内に貼らせてもらう。

あなたのwhyを仕事とつなげる

あなたのwhyがあなたの仕事とどのようにつながり、影響を与えているか考えてみよう。紙に書き出してリスト化する、マインドマップを作成するなど、自分に合う方法なら何でもいい。あらゆる側面について考えてみる。

まずは、次の側面について考えてみよう。

- あなたの生徒たち
- あなたの学校
- あなたの教室
- カリキュラム（あなたが教えている内容）
- 指導方法（あなたの教え方）
- その他、あなたの仕事について思いつくこと

これらとのつながりがわかったら、あなたの目的について調整する必要がある部分はないか検討し、もう一度、自分に次のように聞いてみよう。

なぜ、自分は教師になったのか？

あなたの「生きがい」を探る

もう一つ、私たちが影響を受けたものの中に、レベッカがブライト・モーニング〈アメリカ、カリフォルニア州にある教育コンサルティング会社〉主催のコーチングコースで初めて耳にした、日本の「生きがい」という概念がある。生きがいとは、あなたの目的のことであり、四つのカギとなる要素が重なり合うところがそうだ。

- 好き
- 得意
- 稼げる
- 必要とされる

生きがいのワークシートや思考ツールは、オンラインで簡単に見つけることができるので、この概念に興味があり、とくに教育における自分の特定の役割を大きく変えたいと考えている人は、是非、探して使ってみてほしい。

瞑想であなたのwhyとつながる

瞑想は、あなたがあなたの目的とつながり、完全に理解するのに役立つ、とてもパワフルなツールになるだろう。私たちは、ジャスティン・マイケル・ウィリアムズのお陰で、瞑想のすごさを経験できた。著書である『本当の自分にめざめる』(未邦訳)は、瞑想のよさを伝えるとともに、瞑想は誰もが本来もっている「自分らしく生きる」という夢を実現できると記している。彼は、誰もが悔いのない充実した人生を送るにふさわしく、瞑想はあらゆる背景を持つ、すべての人のためのものであると主張している。

性格診断と目的

性格診断を受けたことがない人は、ＭＢＴＩ診断やエニアグラム性格診断などの診断を受けてみるとよいだろう〈日本でのＭＢＴＩ診断は「ＭＢＴＩ認定ユーザー」のみが可能〉。これらの診断は、自分についてすでに気づいていることを再確認できたり、逆に気づいていなかったことを発見したりする。さらに、自分の目的や人生における真の使命を明らかにしようとし続ける上で、より大きな可能性がある方向を指し示してくれたりもする。教育者には、これらの診断を受け、結果がどのように自分の仕事と関係しているか考えてみることを勧める。

あなたの目的のルーツを掘り下げる

あなたのwhyを深く理解するには、それがどこから来たかをよく振り返ってみる必要がある。あなたの人生に影響を与えた人たちや出来事について、思い出してほしい。その人たちがくれた、あなたが教育者を目指したきっかけは？　それらの出来事が、あなたの教育における信念に与えた影響は？　これらが、教育者としてのあなたを支えるルーツであり、そのルーツと再びつながることで、仕事に対するモチベーションを維持できるようになるはずだ。教育者が歩む道のりは、決して平坦ではない。準備が必要なアップダウンもあるだろう。仕事がうまくいっていて喜んでいる人も、反対に失敗から学ぼうとしている人も、自分の目的のルーツとつながることで、それがさらなる成長の後押しになるはずだ。

あなたの目的のトラブルシューティング

私たちは経験上、自分のwhyを掘り起こし、明確にし、真摯につながり続けるという作業が、必ずしも順風満帆にはいかないのを知っている。その航海の途中では、答えを得るより、新たな疑問が噴出するほうが多いかもしれない。自分のwhyがはっきりしなかったら？　自分のwhyが魅力的じゃなかったら？　前はモチベーションになっていたwhyに共感できなくなったら？　自分のwhyがまったく別の職業を指し示していたら？

私たちは2人とも、過去20年以上のあいだに、自分の目的を見つけ、信じ、それに合う生き方や働き方をすることがうまくできず、もがいていた時期があった。今、あなたに一番伝えたいのは、「**目的が進化しても大丈夫。それどころか、よいことのほうが多い**」ということだろう。なぜなら、あなたも、学校も、生徒も、あなたの研究分野も、さらには世界も、時間とともに変わるからだ。それなら、あなたのwhyが変わっても不思議はない。目的を見つけるという作業は、一度やって終わりではない。これはいわば「**習慣**」なのだ。これを提案している私たち自身も定期的に取り組み続けている。その途中で何が目の前に現われても、好奇心と寛容さをもって、この作業に挑んでほしい。テストとは違って、スピードや完成度で成績をつけられることはない。

あなたのwhyは、あなた自身のものなのだ。そのため、十分な時間をかけ、思いがけないことが起こる覚悟もしておくとよいだろう。ブライト・モーニングの創設者で

CEOのエレナ・アギラールは、著書の『前へ　教育者のレジリエンスを育てる』(未邦訳)で、次のように書いている。

受け入れ難い真実——たとえば、自分に与えられた使命は、世界中を旅して種を集めること、あるいはブロードウェイでダンスを踊ること、というようなことが明らかになることを怖れるあまり、自分の目的を深く追求したくないと感じる場合もあるかもしれない。そうだとしても、とにかくやってみよう。自分の天命だと思うことを知るほうが、靄《もや》の中をさまよい歩くより、ずっとよいのである。間違った職業に就いてしまったことがわかれば、少なくとも、あなたが新しいカリキュラムを教えるのが絶望的にヘタなのは校長の責任ではなく、求められていることが、あなたが自分が地球にいる意味だと思っていたものと完全にミスマッチだったからだと気づくことができる。(私訳)

あなたの目的が、あなたにとって正しい居場所を見つけるのに役立つということ、また、それが「どの学校・校種か」ということだけでなく、「教育と関係するかどうか」という広さをもつことに関しては、後ろの章で詳しく説明する。まず今伝えたいのは、どれほど苦しくても、あるいは怖くても、あなたの真のwhyを明らかにするほうが、「なぜ自分は不幸（あるいは満たされない）なのだろう」と悩み続けたり、さらに酷ければ、自分がそう感じるのを周囲のせいにしたりするよりはマシだということだ。人によって、望んでいるものと持っているものが一致していない場合があるが、**自分の目的を見つけることが、そのずれを解消する第一歩**となる。

あなたの目的がはっきりわからなかったら？

すぐに全部の答えを知る必要はない、と考えるようにしよう。「この章にあるすべての質問やアクティビティに取り組んでみたけれど、なかなか自分の目的が明確にならない」そういうこともあるだろう。その場合は、この章をいったん離れて次の章へ進み、少し経ってから戻ってくるとよいかもしれない。あるいは、明確な目的の候補は浮かぶものの、それが自分のwhyを完全に捉えられているかが不安な場合は、少し時間をおいて、より深い共感を得られるようになったか様子を見るのがお勧めだ。これらの作業は、いつまた戻ってきて挑戦しても問題ない。

やっと見えてきたあなたの目的が、ショックな内容だったら？

そういうこともあるかもしれない。もう一度言うが、今は答えより疑問のほうが多くても大丈夫だ。同じ教育者として、あなたが問題に取り組むのが得意な、何でも解決したがる人なのはわかっている。でも、あなたの目的が解決すべき問題のように感じられたり、自分が知らなかった（もしくは知りたくなかった）ことを明らかにしたとすれば、**それはそれでよいこと**なのだ。「直したい」欲求を我慢し、その目的を頭に入れた状態で、この本の残りの部分にも取り組んでほしい。もし、目的を考え直したくなったら、もう一度この章に戻ってきて、またやってみればいい。あるいは、時間の経過とともに目的に対する理解が深まり、最初に思ったよりショックではなくなるかもしれない。解決すべき問題としてではなく、好奇心をもって、アプローチしてみてはどうだろう。

あなたの目的が、変化が必要だと訴えてきたら？

かなり高い確率であり得る。この本のいたるところに、私たち2人が自分たちの目的に合わせて生き方や働き方を変えたことを書いた。こうした変化のなかには、難しかったり、怖かったり、不便だったり、不快だったものもあった。ただし、どれもすぐに変えなければならなかったわけではなく、変える必要があると感じてから計画を立て、心の準備をすることもできた。たとえ、あなたの目的があなたに変化を要求したとしても、すぐさま対処しなければならない可能性は低いはずだ。この本を読みながら、十分に時間をかけて自分の目的への理解を深め、その上で変化の必要性についてどう感じるかを確認するといいだろう。

あなたの目的が変わったら？

これは私たち2人ともに経験があり、完全に普通のことだと思っている。あなたを教育の世界に引き入れたときのwhyは、今もあなたをここに留めているwhyとは異なるかもしれない。繰り返しになるが、あなたは変化するし、あなたの学校も変化するかもしれないし、世界は確実に変化しているのだから、あなたとあなたの仕事との関係が変わっても不思議はない。

Your Turn

管理職のターン

あなたの学校全体のwhyを明確にする手助けをする

学校の管理職として1年に一回は、全職員が彼ら自身を教育者へと導いたときのwhyを明確にし、そのwhyとつながる機会を作る必要がある。その第一歩として、管理職であるあなた自身のwhyを共有し、それがどんなふうに学校のあり方に表れているかを明らかにしよう。年度の最初か中間のあたりに共有し、1年を通して定期的に繰り返すのも効果的かもしれない。その際は、机を置かずに職員たちが円になって座り、お互いが見えるようにすること。また、そのほうが効果的だと思えば、あなたからではなく、職員のリフレクションから始めてもいい。いずれにせよ、自分のwhyを共有したら、あとは彼らの話を聞くことに徹しよう。

管理職としての目的を見つける

ほとんどの管理職にとって、教師個人としての目的と管理職としての目的は関連し合っている。それぞれが同じ場合もあれば、時間とともにどちらかが変わる場合もあるだろう。管理職の管理すべき範囲はスクール・コミュニティ（生徒や職員、保護者、地域の人たちなど、その学校に関わる個人や集団をすべて含めたもの〕全体に及ぶため、そのことがあなたのwhyに影響する可能性もある。また、管理職になれば、スクール・コミュニティ内で生じる問題はあなたにどうにもできないものではなくなる。あなたが取り組むべき問題になる。

だからこそ、**自分の目的について考える時間を作ろう**。あなたの目的が、管理職となったことでより大きくなったあなたの目標とつながっていることを確認しよう。そして、スクール・コミュニティのために問題を解決したり責任を負ったりするエネルギーが足りないときには、自分のwhyとつながれるようにしておこう。

これは、あなたが常に正解や高いエネルギーを持っているべきだという意味ではない。ただ、どんな場合でも責任をもって、スクール・コミュニティ全体に対して自分の見解を伝える努力をすべき、という意味だ。そして、それは他ならぬあなたのwhyから始まる。

⁘ 教師たちが自分の目的を理解する手助けをする

年度の最初に管理職が教師たちと個人面談を行い、それぞれの仕事における目標を確認することがあるだろう。このような面談では、教育者を志したそもそもの理由について聞くことが重要だ。そして、なぜ教師をしているのか？　なぜ、この学校で働いているのか？　を問う。こうした質問に対する答えは、1年を通して何度か面談をするあいだ、その教師がいつでも思い出せるよう記録しておくといいだろう。付録にある『年度初めの教師のリフレクション・ツール』がお勧めだ。これを効率的に行う方法として、面談の前に個別にワークシートに答えを書き込み、それを持ってきてもらうというやり方もあるが、まずは口にしてみてから書き込みたいという人もいるかもしれない。さらに、このワークシートはパートナーやコーチと使うこともでき、その場合は相手に質問を読んでもらい、答えた内容を書き取ってもらうとよいだろう。

それぞれの教師が自分の目的を明確に掴むことができたら、今度は学年や教科のチーム単位でやってみるのもお勧めだ。あなたの学校の教師たちは、それぞれ自分のチームの存在意義を理解し、同じ目的、使命を共有できているだろうか？　この章にあるワークシートや質問は、組織としてのwhyを確立するためにも使うことができる。

あなたの学校や学区の目的

ここまで、主に個人個人の目的に焦点を当ててきたが、学校や学区にも学習コミュニティとしての目的が必要だ。使命、ビジョン、基本的価値観（コア・バリュー）など、いろいろな言い方があるが、その真意はどれも一緒だ。この学校の存在意義は？この学校の生徒や家族、コミュニティ、世界に、何をもたらすことができる？ この学校の教育施設としての目的は？ 紹介してきたサイモン・シネックの本、TEDトークやその他のツールは、あなたの学校のビジョンを明確に示す、あるいは発展させる、よい出発点になるはずだ。そのビジョンには、生徒や家族を含むスクール・コミュニティのすべての声や提案、フィードバックが取り入れられる必要がある。管理職であるあなたは、確かに立場的にはトップかもしれないが、学校や学区の目的はトップだけでなく、みなで協力して作り上げなければならない。

公平な立場を主張する

アメリカでは、学校や学区の平等や公平を保つため、地域を含めた利害関係者でチームを作り、働きかける。そのとき、まず必要となるのがチームのミッション・ステートメント〔スクール・コミュニティ全体が共有するべき価値観や使命を具体化したもの〕をつくることだ。何を重視したい？　このステートメントには、**あなたのコミュニティにいるすべての属性の人やその視点**が含まれていなければならない。あなたの使命やビジョンに、すべての意見を確実に取り入れるには、どうすればよいのだろう。

指導事項、学校文化、成績のつけ方、服装の決まり、ＩＴ機器の使用やその他さまざまな事柄に関する方針を**公平性というレンズ**を通して見てみよう。あなたの学校や学区の慣行や方針、手順、システムに対する公正監査〔アメリカの学校で行われる、公平性に焦点を当てた内部監査。人種などによって児童生徒に機会のギャップなどが生じていないかをチェックする〕を実施しよう。実施するのは学校内の監査チームでも構わないが、偏りがないよう外部に依頼するという手もある。監査の結果をコミュニティ全体に公開し、いかなる結果が出た場合でも責任を負い、変えなければならないことがある場合は陣頭指揮をとり、皆のお手本となる勇気ある態度を示そう。

さらに、あなたのコミュニティにいる人たちがもつ文化（そうでない文化も）を称える機会を作るといい。

- ● 文化的伝統を継続的に祝う（10月と11月だけでなく、1年を通して先住民の歴史を称える、など〈アメリカでは州によって10月第2月曜日をコロンブス・デーから先住民の日に改めている〉）。
- ● 自分たちとは異なる文化について積極的に学ぶ。
- ● 特定の文化やコミュニティに影響が及びそうな、差し迫った社会問題について意見を主張する。

世界中で起こっている問題に関心を持ち、あなたのコミュニティに属するさまざまな人の反応に対処できるようにしよう。また、当人が望んでいるものとは違ったとしても、その人に必要なものを与えよう。たとえば、BIPOCの人たちは特定の会話

──とくに白人の同僚との──に参加することで怒りの感情を誘発されたり、傷つけられたりする可能性がある。場合によっては、会話に加わらないことを選択する人もいるかもしれないので、その可能性を念頭に置いておこう。白人の場合も必ずしも同様の対応をする必要はないとはいえ、なかには希望する人もいるかもしれない。

出典

1. Aguilar, Elena, E. (2018). *Onward: Cultivating Emotional Resilience in Educators*. San Francisco: Jossey-Bass,2018.

Leader's Turn

Chapter 2

Purpose and Burnout

目的とバーンアウト

「バーンアウトした先生は、ワクワクするような自由度が高いことはあまりさせてくれません。そういう先生にとって、授業は1日を乗り切るためのルーティンみたいです」

――テヴィン、2013年卒

ここ数年で「バーンアウト」は、パンデミックのせいで教師が感じる倦怠感を表す便利な言葉として使われるようになった。ところが、米国を代表する医療機関であるメイヨークリニックによる臨床的定義では、「仕事に起因する特別な種類のストレス――身体的または精神的な極度の疲労がある状態――を指し、達成感の減退や個人のアイデンティティが失われる感覚を伴う」となっている。確かに、教師はあらゆる「仕事に起因するストレス（授業開始2分前に大昔のコピー機でコピーしようとしたことがある人なら、少なくとも一つのストレスを熟知していることになる）」を経験するが、バーンアウトはより具体的な状態――熱意や意欲、目的が失われた感覚――を指す。

メイヨークリニックによると、バーンアウトには次のような要因があるという。

- 自分の仕事に影響する決断やスケジュール、必要なリソースへのアクセスを含め、自分の仕事をほとんど、あるいは、まったくコントロールできないという感覚。
- 誰が責任者で、自分はどう評価されているか、ひいては、自分に何が求められているのかがわからない。
- いじめが許容されている、同僚同士で足の引っ張り合いをしている、細かく管理されているように感じるなど、職場が機能不全に陥っている。

● 仕事が単調、あるいはカオスに感じられ、感情が不安定になり、高い気力を維持しなければ生産的になれない。

● サポート不足により孤立し、他人に頼らず自分だけでやらなければならないと感じることで、教室や職員室で他の職員と協力し合うことができない。

● 家族や友人と過ごすエネルギーがなくなってしまうほど労働時間が長く、ワークライフバランスが悪い。

この章では、私たち自身がバーンアウトしたとき――毎日出勤するエネルギーを確保するために、私生活と仕事のどちらかまたは両方を変えなければならなかった時期を含めて――のことを共有している。私たち教師は、必要な情報を教えてくれる本を読んだり、自分を振り返ったり（リフレクション）、自分の感情や行動を目的と結びつけたりすることで、バーンアウトを乗り越え、自分にとって正しい道を進めるようになる場合がある。

教師の多くは、自分の一部を生徒に与えているように感じている。そのため、痛みや苦しみを抱えているときには、それだけ仕事も耐え難いものになる。私たちの体験談を読むことで、私たちがどのようにしてそうしたバーンアウトを振り返り、再発を防ぎ、最終的に乗り越えたかがわかるはずだ。

この章のリフレクション

メレディスのターン

学校を率いる立場として経験した、新型コロナウイルス感染症によるパンデミックとバーンアウト。

レベッカのターン

予期せぬ管理職の交代と初めてのバーンアウト。

あなたのターン

自分がコントロールできること・できないことに気づくことが極めて重要である理由。

この章のポイント

・バーンアウトの定義。
・自分がバーンアウトしているかどうかを確認する方法。
・BIPOCの教師のバーンアウトのリスクがとりわけ高くなる理由。

仕事が誉れ高い「専門職」から「義務」になるとき

現場教師だった頃は、毎年、新年度が近づくとさまざまな感情が渦巻いたものだ。ワクワクと不安でいっぱいになり、ようやく夏モード〔アメリカの新学期は9月から〕に切り替わっていたのに、それがあと数日で様変わりしてしまうことのちょっとした怖さ。２０２０年の9月が近づいてきたときは、私は表現しきれないほど多くの感情を味わった。その年は、ワクワク感がいつもより少なかったどころか、新年度が始まる前からバーンアウトしていたとさえ言える。新型コロナウイルス感染症のパンデミックになってから迎える初めての年度初めで、未知の部分が多く、学校の職員や生徒、生徒の家族が、学校の管理職である私に答えを求めることはわかっていた。でも、私にだってそれほど何かがわかっていたわけではなかった。対面授業かオンライン授業か、マスクはいつまで義務づけるか、生徒たちがちゃんとZoomにログインできるか、学区はすべての生徒にノートパソコンを提供できるのか、家にWi-Fiがない生徒はどうすればよいのか。夏のあいだ、あらゆるシナリオを想定してみたが、その中に一つでも効果的なものがあるのか、それどころか、生徒たちがきちんとした教育を受けられるのかさえわからなかった。**これらのプレッシャーとストレスから、自分にはスクール・コミュニティ全体を支えられないと気づいたとき、私はバーンアウトした。**彼らは、これまで以上に強いリーダーを必要としていた。

パンデミック中に在宅で仕事をしていたときは、毎朝起きるとまずパソコンのところへ行き、すべてのZoomミーティングと、かけなければならない電話やスプレッドシートの準備をしていた。生徒や職員と物理的につながれない状況は、私にとって大きな負担だった。その頃、教育に携わる誰もが、自分の役割と目的がわからなくなり始めていたはずだ。

1年半にわたり、オンライン授業やブレンド型学習〔部分的にオンライン配信で行われる教育方法〕をするあいだ、毎日が試練の連続だった。まず、当時学校が掲げていた目標は、さまざまな方法で私たちから取り上げられてしまった。毎日、パソコンにログインした教師たちが目にするのは、生徒たちの顔ではなく、それぞれの名前が表示された小さな枠たち。授業はまるで独り言を言っているかのようで、果たしてよい授業ができているのか、生徒たちは教えられているのを理解できているのか、それどころか、パソコンの前にただ座っているだけで何も考えていないか。そういったことが、ほとんど何もわからないのだ。私たちが協力し合って作った学校の使命と価値観は、生徒たちが批判的に考え、学んでいるカリキュラムに対して疑問を持てる環境であることが前提だった。Zoomでそれを実現するには限界があり、実際に会うことができない生徒たちのために授業をするよう教師たちを励ますのは、難しいことこの上なかった。私の仕事はもはや、未来を予測し、自分が何をしているのかもわからないまま、彼らをサポートすることに変わっていた。

私の新型コロナウイルス・バーンアウトは、これまでに経験した中でも最悪に近かったが、自分のことをより理解できただけでなく、学校で生徒や職員たちと物理的に一緒に過ごすことの大切さもよくわかった。人生を通してずっと、自分は教育者になる運命だったのだと感じながら過ごし、たくさんの上り坂といくつかの下り坂に遭遇した。その下り坂というのが、自分の教育者としての目的と役割に疑問を抱き、バーンアウトにもなったこのときだった。

バーンアウトのように感じるけど違うもの

教師になって最初の数年で、わかったことがある。強い教師とは、謙虚で、教師人生の浮き沈みを乗り越えるためにはサポートやアドバイス、振り返る時間が必要であると理解している教師のことだ。それに気づいた頃を思い返すと、そのときはつらかったけれど、バーンアウトにはなっていなかったように思う。なぜなら当時、トイレで泣くためにメンター〈若手の指導をする先輩のこと〉に授業を代わってもらったときでさえ、こう思っていたからだ。「こうやって泣くのは解決にならない。生徒が私を泣くまで追いつめなくなるように、何かを学んだり成長したりしなければならない。そうして彼らを支えるのが私の仕事だ」、と。フラストレーションと敗北感から涙は出たが、私はちゃんと立ち上がった。生徒たちをサポートし、自分が逃げも隠れもしないことを示せるよう、変えるべきことを変えたのだ。

でも、本当にバーンアウトになったときはそうではなかった。バーンアウトについて考えるときに思い出すのは、教室や学校における自分の目的と役割を改めて考えさせられたときのことだ。例えば、フラストレーションが溜まりすぎたせいで、それを他人のせいにし、生徒が自ら考え、成長しようと励む場所が作れているかわからなくなったとき。学校という場所を誇らしく思えず、生徒にとっても気分よく過ごせる場所でなくなったときだ。こうしたとき、私は自分が生徒にふさわしい教師ではなくなっていることもわかっていた。自分で物事をコントロールし、よく考えて、何かを変える必要があるということも。

「今の自分」を見つめ直す

初めてこの仕事を続けていけるかわからなくなったのは、教師3年目、ニューヨーク市に住んで1年目のことだった。感情が高ぶると、「自分はこんなにも早く教師としてバーンアウトしてしまうのか」と自罰的になった。年度が終わるタイミングで役職を変えてもらうか、別の学校に移るかする必要があるんじゃないかと考えたりもした。毎日出勤して授業を行い、ベストを尽くしてはいたものの、学校に着いていざ中に入ろうと思うと気分が落ち込んでしまい、そのまま引き返したくなるときもあった。あるいは、「今日は地下鉄の駅に行って、そのまま1日中そこにいるほうが、自分の心身にはいいのかもしれない」と考えたこともある。そのような考えが浮かぶようになると、私は、バーンアウトに近い状態自分の心が消耗しつつあることに気づいた。そして同時に、自分がそうありたいと望むような教師になる力が本当に自分にあるのか、疑問をもつようになった。それは私にとって、「**完全にバーンアウトしてしまう前に、今の自分を教師として再評価する必要がある**」というサインだった。

不満しか出てこなくなったら

教師6年目に、教育実習生の指導担当を任された。教職課程の最終学年である学生を教室に迎えるというもので、実習生は担当教員のもとで実地体験ができ、アドバイスとサポートを受けながら直接生徒たちに関わっていく。これは私にとっても素晴らしい機会であり、光栄でもあった。なぜなら、自分自身が教育実習生だったときの担当教員を深く尊敬していたため、その情熱を、同じく教師になろうとしている若者たちに伝えたかったからだ。

でもその年、私はバーンアウトした。なぜか？　今でもはっきりと覚えている、素晴らしく優秀な教育実習生がいた。出会ったときから芯が強く、創造力に富んだ筋の通った子で、私のクラスの即戦力になりたいという意欲もあった。そんな彼女のメンターでいることはものすごく楽しかったのが、ふと気づくと、指導というより愚痴の言い合いになっていることのほうが多くなっていた。私は、学校のシステムや構造に対するフラストレーションを、指導や仕事と混同してしまっていたのだ。教育実習生の指導担当として、不満を言うべきではないことは理解していた。彼らに示すべきは、尊敬できる教師の姿や問題解決力、生徒や学校に対する深い献身であることも。そうやって愚痴を言い続けるうちに、私は自分の役割とアイデンティティに疑問を持ち始め、**自分の教師としての情熱に忠実でいるためには、何かを変えなければならないことに気づいた**のだった。

レベッカのターン

青天の霹靂

2008年度の最終日、私たちは、私と同僚何人かのメンターだった校長の辞職を知らされた。多くの職員がショックを受け、とくに私を含めた何人かの教師は、校長が学校を辞めること自体もそうだが、個人的に前もって聞かされていなかったことにもショックを受けていた。それだけ、自分は校長に理解されている、自分との関係を大切にしてもらえている、と思わせてくれる人だったのかもしれない。だからと言って、私たちが見捨てられ、裏切られたように感じ、恐怖や喪失感を味わったことは変わらない。私の心は完全に傷つき、最悪の年度末となった。

校長は、辞職を発表する前にすでに新しい副校長を雇っており、続く夏休みのあいだには次の校長まで決まっていた。その2人が管理職のトップに就いた1年目は、私や同僚にとって、ものすごく大変な時間だった。新しい校長は、悪気のない優しい人だったが、まだ校長になる準備が整っているとは言えなかった。また、副校長も初めてその役職に就いた人で、おそらく経験豊富な校長の下で働けるものと思って引き受けたようだった。

前校長のときは、いつも「ちゃんとした大人」がいるから自分たちは大丈夫、彼が必ず守ってくれる、と感じていた。ところが、そのような存在がいなくなってしまうと、学校全体がまるで当てもなく漂流しているかのように思えた。引き継いだ新校長たちは十分なサポートを受けられないまま、緊急時に代わりが務まる教師もなく、さらに、学校をサポートしてくれるはずのネットワークや地域の団体との関係も希薄だったため、私は心細さと不安でいっぱいだった。

2人の新しい管理職と私は、さまざまなことで意見が衝突した。**彼らは感じのいい人たちではあったが、私が学校の管理職に必要だと考える経験や能力を持ち得なかった。**それに、管理職にとって最大の仕事は現場教師たちを導くことだと信じていた私にとって、彼らの乏しい専門性に価値を見出すことは難しかった。

客観的に見れば、新しい校長たちは、たいしたサポートもない状態で役職を押しつけられ、実務を通して学びながら精一杯頑張っていたように思う。ただ、私たちが思い描いていた管理職のあるべき姿は、崇拝していた前校長が基準になっていたため、私たちの期待そのものが非現実的だったのだ。私は、新しい校長と副校長の能力や権限は尊重しつつも、彼らから学べることがあるかわからなかった。そのようにして、バーンアウトに必要な材料はすべて揃い、私という圧力鍋に放り込まれていったのだ。

私は、深い絆で結ばれていない上司たちのために、1日に何時間も費やしていた。新しい管理職の新しいやり方が、学校での自分の立場――つまり、私のセルフイメージ――にどう影響するのだろう、という不安もあった。責任者が誰もいないような気がして、私は重圧に押しつぶされそうになっていた。私が主導権を握り、責任を持ち、それまで4年間にわたり担ってきたリーダー的役割――チームの主導、服装のルールの模範を示す、新任者の雇用、カリキュラム作成、同僚たちの指導、など――を強化しなければならないんだ、というプレッシャーも感じた。これらのプレッシャーは私をバーンアウトに向かって強く押しやり、さらに最悪なことに、上司たちも自分たちの仕事で手一杯だった。その結果、私は私自身を追い込まざるを得なかった。

時間を奪われ目的を見失う

その年度の「準備時間（アメリカの学校で教師に認められている授業準備時間。州によって違うものの、1日平均45分与えられている）」の存在は、まるでタチの悪い冗談かのようだった。会議を主宰し、プロジェクトをまとめ、新任者の指導をし、それ以外にも数え切れないほどたくさんの仕事をこなした。毎朝7時半から遅い時間まで学校で働き、週末は両日ともにテストの丸つけと授業計画に潰れ、学校のこと以外に使える時間はほんのわずかしかなかった。常に不安感があり、出口が見えず、そのせいで絶望もしていた。何かをもっとたくさん、あるいは、より上手にする必要があることはわかっていたが、それが何なのか全然わからず、さらに、導いてくれる人もいなかった。

私は、『アレクサンダーの、ヒドクて、ヒサンで、サイテー、サイアクの日』（未邦訳）（12歳の主人公の、とある悲惨な一日を描いた映画で、2014年にディズニーが映画化した）という絵本の中に閉じ込められていた。前校長がいなくなったとき、学校が当てもなく漂流しているように感じたことは少し前に書いた通りだ。当時、私たちは方向性を見失っていた。そして、それは私個人にも当てはまっていたようだった——私自身も目的を見失ってしまっていたのである。

この初めてのバーンアウトのさなかで何が私を駆り立てていたのかを考えてみると、それは**「学校が空中分解するのを食い止め、いなくなってしまった『ちゃんとした大人』に自分がならなくては」という責任感**だったように思う。**しかしそれは、5年しか教師を経験していない一教師には大きすぎるプレッシャー**だった。

なおかつ、それは私の教師としての目的とは全く違っていた。私は自分のwhyから完全に切り離され、すっかりwhatに憑りつかれていたのだ。仕事中はまるで竜巻のようにしゃかりきに働きまわり、自分の仕事のことは何もわからないまま、ただただ行動し、埃と騒音をまき散らしていただけ——なぜ自分はそれをするのか、あるいは、自分の目的を達成するために本当にしなければならないのは何かを考えることなく、やる必要がありそうなことをやっていただけだった。

その年度が終わる頃には、私はそのままの状態を続けられないことがわかっていた。同時に、このバーンアウトの要因のいくつかは、自分のコントロールが及ばないものなのだということにも気づいていた。管理職は私のスケジュールを変えてはくれないだろうし、だからと言って、今のコミュニティから離れるのも、今の学校で教えられなくなるのも嫌だった。私は自分が幸せではないことを自覚していたし、自分自身だけでなく、同僚や生徒のためにも自分の感情を立て直す責任があることもわかっていた。そうしなければ、自分以外の人たちまで悲しませることになるからだ。

ここまでの内容は私の初めてのバーンアウトだが、これが最後というわけではなかった。現職である、教師と管理職のコーチ〔教師や管理職を指導・サポートする仕事〕に就くために教師を辞めるまでに、私はもう2回、バーンアウトを経験している。どちらも新型コロナウイルス感染症のパンデミック中で、2020年と2021年の夏に発症し、いずれも一度目と同じく、ひどく追いつめられているように感じた。私は、自分が不幸になることをし続けていた。なぜなら、それ以外に選択肢はない——多くの人（生徒や生徒の家族、同僚、従業員、クライアント）が私を頼りにしていて、**辞めてしまったら彼らの期待を裏切ることになる**——と感じていたからだ。自分では何も変えられないのに、前へ進み続け、身のまわりで起こる変化に対応し続けなければならなかった。もう1ミリだって仕事を続けたくないのに、ノーと言う選択肢がないように感じていた。それと同時に、やりたくないことを続けることで、どんどん大好きな、自分の目的のためにもすべき運命だと感じていた仕事から引き離されていくような気もしていた。

あなたのターン

あなたのWhy Nots《じゃないもの》を見つける

第1章の後半で明らかになった、あなたの目的に戻り、次のいくつかのレンズを通して改めて考えることで、あなたの目的とバーンアウトの潜在因子との関係を探ってみよう。

- あなたの目的の一番達成しやすそうな側面は？
- その逆に、難しい、あるいは不可能だと感じることは？　それはなぜ？
- あなたのwhyを邪魔するのは？

● 疲れすぎているせいで、自分のwhyに取り組めない？　だとしたら、何にエネルギーを費やしているのだろう？

● あなたの目的に「ノー」と言っているのは誰？（自分の頭の中で聞こえる声も含む）

● 目的を達成できなかった場合、何が危険にさらされる？

バーンアウト自己診断テスト①

あなたは、今バーンアウトしているだろうか。次のメイヨークリニックの自己診断テストを教師用にアレンジしたチェックリストを見て、答えが「イエス」となるものにチェックをつけよう。「イエス」と答えたものについては、具体的なエピソードも書かなければならない。たとえば、最初の質問に「イエス」と答えた場合は、仕事に対してひねくれたり、批判的になったりしているのがわかるようなことを言った、あるいは考えたことを具体的に書く、など。

☐ 仕事についてひねくれた考えをもったり、あるいは批判的になったりした？

☐ 無理しないと学校に出勤できなかったり、1日をスタートさせるのがつらいと感じたりする？

☐ 同僚や上司、生徒、保護者に対して、イライラしたり、気が短くなったりした？

☐ 生徒が教室での決まりを守れていない、あるいはモチベーションが低いのは、本人の責任だと思う？

☐ 常に生産的であり続け、生徒たちと関わり合うのに必要なエネルギーが不足している？

☐ 仕事中もそうでないときも、集中するのが難しいと感じるようになった？

☐ 教師として達成したことや生徒が達成したことに対して、満足感を得られなくなった？

☐ 教師という仕事に対して幻滅している？

☐ 気分を高めるため、または何も感じなくなるように、食べ物や薬物、アルコールに頼っている？

☐ 睡眠習慣が変わった？

□ 原因不明の頭痛や胃腸の不調、その他の体の不調がある？
□ 自分にコントロールできないことに対して、怒りを感じる？
□ 仕事で今やっていることの中に、昔は自分がやるようになるとは想像すらできなかったことはある？

バーンアウト自己診断テスト②

すでに書いたように、メイヨークリニックによるバーンアウトの定義は、次の通りだ。

「身体的または精神的な極度の疲労がある状態を指し、達成感の減退や個人のアイデンティティが失われる感覚を伴う」

この定義について考えてみよう。

□ この定義に、どのくらい当てはまる？

□ エネルギーの低下、能力の低下、目的の喪失――この3つのうち、今のあなたに当てはまるものが一つでもある？

□ エネルギーの低下、能力の低下、目的の喪失。この3つを経験としたとき、どんな考えが浮かんだり、どんな感情になった？

この自己診断テストや、この章で紹介するアクティビティを通じて、タイムマネジメント（時間の管理）に起因する時間不足やストレスが大きいとわかった場合は、付録にある『タイムマネジメント・シート』を利用し、やらなければならないことを整理してみよう。このワークシートは、チームやそれを率いる管理職が、チームとしての目標やプロジェクトを達成するのに使うことも可能だ。

バーンアウト・チャート

アーネスト・ヘミングウェイの『陽はまた昇る』で、登場人物の一人が破産したときのことを振り返り、「徐々に、突然に」と表現したのは有名な話だ。私たちが見てきた教師のバーンアウトにも、同じことが当てはまった。**何の兆候もなく、ある朝起きたら突然バーンアウトしていた、という人はいない。**バーンアウトは時間をかけて少しずつ進行した後、突如けたたましくアラームを鳴らし、本人やその周囲に危機の訪れを知らせる。バーンアウトのあらわれ方は人それぞれであるため、実際にどのように進行するかがわかるバーンアウト図を作成し、『バーンアウト・チャート』として収録した。

- ☐ 今のあなた、あるいは、あなたの部下や同僚は、バーンアウト・チャートのどのボックスに当てはまる？　当てはまるボックスに印をつけよう。
- ☐ 印をつけたボックス以外で共感できるボックスはある？　あなたの過去の経験を表すボックスの近くに経験を書き足してみよう。メモを書き込む、あるいはイラストを添えてもいい。
- ☐ よく知っている同僚について考えてみよう。バーンアウト・チャートの中に、彼または彼女の経験は含まれていないだろうか？　彼らから直接聞いた、あるいは実際にあなたが見たことの中にヒントはないだろうか？

バーンアウトのリスク要因を特定する

次のバーンアウトのリスク要因を見て、あなたが実際に経験した、または、あなたの部下や同僚が経験していそうなものをマークしよう。

- □ 自分の仕事をほとんど、あるいは、まったくコントロールできないという気がする（たとえば、自分の仕事に影響する判断やスケジュール、必要なリソースへのアクセスなど）。
- □ 自分に何が求められているのか、誰が責任者で、どのように評価されているかが不明瞭だと感じる。
- □ 職場が機能不全に陥っている（いじめが許容されている、同僚同士で足の引っ張り合いをしている、細かく管理されていると感じるなど）。

□ 仕事が単調、あるいは複雑すぎるせいで、情緒が不安定になり、生産的でいるためには常に大きなエネルギーを必要としている。

□ サポート不足によって孤立感を感じる。他に頼れる人がいないと感じられ、何でも自分ひとりでやろうとして、教室や職員室で孤立してしまう。

□ 家族や友人と過ごすためのエネルギーが不足するほど仕事時間が多く、ワークライフバランスが取れていない。

次に、以下のステップに従って、あなたのバーンアウトの根底にあると思われるものについて、さらに深く考えてみよう。

● リスク要因リストであなたがチェックしたもののうち、もっとも重大な要因を3つ選び、それぞれに関する具体的な思い出やエピソードについて書く。

● あなたのことを大事にしてくれている人に、話を聞いてもらう。このとき、その人に伝えてほしい。「問題を解決したり、励まそうとしたりするのではなく、ただ話を聞いて、私が自分の経験について理解を深める手助けをしてほしい」のだ、と。自分の感情を受け入れてもらおう。もしかすると、先のリストに書いたことに加えて、他にも伝えたいことが出てくるかもしれない。その場合は、既に書いたエピソードにつけ足すこと。また、他にも聞いてもらいたいエピソードがあるときは、繰り返し同じようにやってみよう。

このアクティビティのワークシートは、『バーンアウトの原因を明らかにするリフレクション・ツール』として付録にある。取り組んでいるうちに、自分のバーンアウトの要因が明らかになると、すぐにでも対処したくなるかもしれない。でも、本書の別のところでも書いているように、**解決方法を探すより前に、まずは何が自分にとって問題なのかを完全に理解する必要がある。**バーンアウトに即効薬はないため、効果がないものを服用すると逆に疲れたり、やる気を削がれたり、がっかりする可能性もある。そのため、バーンアウト要因を解消しようとする前に、きちんと全体像を理解することが重要だ。

自分の炎をイメージする

目を閉じて、家の庭の焚き火台や夏のキャンプファイヤーのような、整えられた、目的をもって焚かれた炎を想像してみてほしい。この炎が、あなたの教師という仕事とする。燃えている時間が長いほど、あなたの仕事は効果的で持続的であることを意味する。炎が強すぎると、コントロール不能になったり、燃え続けるのに必要な木材をあっという間に使い切ってしまったりするかもしれない。逆に炎が弱すぎても、次第に消えてしまうか、あたっている人の体を温め続けるには不十分ということも考えられる。この例え話を、もっと深く掘り下げてみよう。心にあなたの炎を思い浮かべてほしい。

- 炎が教師という仕事だとしたら、その燃料は？
- 燃料のほかに、あなたの炎を燃やし続けているものは何？

- あなたの炎が燃え始めて、どのくらい経った？
- 今のあなたの炎の強さは？
- 木材はどう？　どっしりとした、焚き火に適した木材を使っている？　それとも、そのへんで拾った小枝や紙くずを使っている？
- あなたの炎がパチパチと心地よく燃えているときは、周りでどんなことが起こっている？
- 予備の燃料はある？　それともギリギリの状態で、何か他に燃料になりそうなものはないか焦って探している？
- 炎が小さくなってきていることに気づくのはどんなとき？
- あなたは、常に炎の状態を見張っている？　それとも、知らぬ間に炎が小さくなっていて驚いたことがある？
- 今の炎を燃やし続けたい？　それとも、すべてを焼き尽くしてから、新しい炎を起こしたい？
- あなたの炎が残した灰には、何が入っている？

頭に描いたイメージをよく観察し、この炎を使った例え話を、あらゆる角度から見てみよう。思考の表面に浮かび上がってきたものを見逃さないようにし、考えたことや導き出した結論を書き留めておくのもいいかもしれない。

付録に、『炎をイメージする』というワークシートがある。このワークシートで聞かれる質問は、教師が互いの新たな一面を発見するのにも役立つ。アイスブレーカーとして、あるいはミーティングやワークショップのオープニング・アクティビティとしてもお勧めだ。毎日顔を合わせていても、同僚と「教師としての炎」のような例え話を使って話したことはないだろう。そういった会話は、共通の経験を通して仲間意識を高め、絆を深めるのに役立つはずだ。

バーンアウトがBIPOCの教育者に与える影響

自身がBIPOCの教師は、全体に比べ、バーンアウトするリスクがさらに高くなる。これは、すべての教師に影響するバーンアウト要因に加え、BIPOCの教師であるがゆえに経験する要因もあるからだ。

- 同僚や生徒、管理職、保護者による無意識、あるいは故意の差別や偏見。
- 元アメリカ合衆国教育長官のジョン・キングが作った「見えない税金」という言葉に示されるような、BIPOCの生徒の指導や英語が母語でない生徒の通訳、公平性への取り組みをリードする、などのBIPOCの教育者に課される追加の役割。
- BIPOCの生徒たちに「正しい」振る舞いやコード・スイッチング*の指導を行い、彼らが校外学習やインターンシップ、大学見学で経験する可能性がある差別に備えさせるという責任。
- なんとなくBIPOCの教師のほうがイメージがよいというだけの理由で、リーダー的役割や追加の仕事を頼まれる。「BIPOCの生徒たちのロールモデルにならなければならない」「(自分にも経験があるような) BIPOC特有の問題で苦しんでいる生徒をサポートする」といったことへのプレッシャーの内面化。

*もとは、バイリンガルなどが、コミュニティや状況によって話す言語や話し方を切り替えることを指す。マイノリティが、自己防衛として、話す相手によって言語や話し方を変えることも含まれる。例として、黒人社員が、プロフェッショナルに見られることを目的に行うなど。この場合はマイノリティに負担が強いられており、あくまで消極的に支持する立場の研究者もいる。

バーンアウトが、人種差別に反対する教育者に与える影響

人種に関係なく、人種差別に反対するすべての教師に特有のバーンアウト要因もある。

差別の問題には、すべての教育者が取り組むべきだと思う一方で、それがいかに大変かということも理解はしている。教育システムから白人至上主義を排除することに力を注いでいる教師は、その過程で直面するさまざまな苦難から心身ともに疲れ果てているのがわかる。白人至上主義が及ぶ範囲の広さや、教育システムのあらゆるところに密かに影響しているという事実に敗北感を覚えることもあるだろう。また、反人種差別を掲げている仲間が周囲に少なければとくに、所属するスクール・コミュニティにおける自分自身の人種的アイデンティティ、それから教師としてのアイデンティティに疑問を感じるようになるかもしれない。そうした環境では、どんなに公正・反人種主義であろうとしても、孤独を感じたり、帰属意識が失われたりすることもある

はずだ。

人種差別に反対することは道義的に正しい。そして、**連帯感やサポートがなければバーンアウトのリスクが増す**というのもまた間違いない。孤独で、ストレスが多い、険しい道になりかねない。自分の価値観や反人種主義に徹底する覚悟、目的を堅持することで、バーンアウトの原因を特定し、取り組みやすくなる。

自分の大切にしている価値観がわからなくなった場合は、インターネットで「価値観リスト」（values list）と検索すればすぐに見つかるので、それを使って以下のようなアクティビティに取り組んでみよう（数字の部分は自由に変えてほしい）。

1．価値観リストからもっとも共感できる価値観を10選び、丸で囲む。
2．丸で囲んだ10の価値観を5つに絞る。
3．2でやったのと同じように、5つから3つに絞る。

選んだ3つの価値観を俯瞰して、自分に問い直す。

- これらの価値観は、あなたにとってもっとも重要なものを押さえている？
- 驚かされた価値観はある？
- これらの価値観から、あなたが一番大切にしているものについてわかることは？
- これらの価値観とあなたの目的は、どうつながっている？
- これらがあなたの基本的な価値観だとして、何をする？　変える？　あるいは、何に力を入れる？

このアクティビティは、組織レベルで取り組むと、学校や学区の価値観を見つけるのにも使える。

自分以外の人がバーンアウトしていると思ったら？

自分以外の誰かがバーンアウトで苦しむ姿は、それが大切な人であるほど、見ているこちらにもつらいものだろう。直接アプローチするかどうかは相手との関係性によるだろうし、何がどう転んでも、彼らの選択や問題に対する取り組み方は、あなたがコントロールできるものではない。**あなたがコントロールできるのはあなた自身だけだ。**ただ、あなたがあなたの目的と再びつながる様子を見ることで、彼らが何かを得られる可能性はある。

バーンアウトの原因を自分でコントロールできないときは？

世の中のほとんどは私たちのコントロール外にあり、その事実を認識しておくことが重要だ。同時に、多くの人は自分で思っている以上の力を持っていて、自分のコントロール外に思えることでも、（完全にはひっくり返せないまでも）影響を与えられる可能性はあるのだ。あなたが常にコントロールできるのはあなた自身だ。つまり、自分の視点や反応、理解、アプローチの仕方は変えられることが多い。**バーンアウトの原因は、自分でコントロールできるものもあれば、できないものもある。**続く章では、私たち自身がそれらにどのように向き合い、どう対処したかを伝えようと思う。

次章の「あなたのターン」でも、さまざまな質問やアクティビティを紹介しているので、是非、取り組んでみてもらいたい。

管理職のターン

管理職として、どうすれば部下や同僚がバーンアウトしていることに気づけるだろうか。管理職は、部下や同僚が彼ら自身について振り返り、元気を取り戻すのをサポートできるよう、彼らの精神状態を把握する必要がある。さらに、学校全体におけるストレスレベルを定期的に測ることで、生徒がよりよい教育を受けられるようにしなければならない。次に紹介するのは、管理職にとって役に立つだろう質問だ。

Q. 分散型リーダーシップがバーンアウトにつながっている?

学校全体で成果をあげるために重要なのは、分散型リーダーシップ〔個人や役割を超えて学校組織の全体でリーダーシップ活動を共有・拡張すること）の体制が整っていることだ。学校のシステムや構造に大きく影響するだろう。

同時に管理職は、分散型リーダーシップがバーンアウトの原因とならないように注意しなければならない。たとえば、同じ人（教師）にばかり負担をかけたり、管理職自身のバーンアウトを学校の他のメンバーに伝染させたりすることがその原因にあたる。

次の質問は、分散型リーダーシップが図らずもバーンアウトを引き起こしていないかを判断するのに役立つはずだ。

- あなたの学校では、特定の教師（たち）がすべて、または、ほとんどの取り組みを先導していないか。
- あなたは、いつも同じ教師（たち）にリーダー的役割を任せてしまっていないか。また、リーダーになる準備が不十分な人がもしいるなら、その人がリーダーシップを磨くことのできる体制は確立されているだろうか。
- あなたの学校で業務を振り分けるとき、あなた自身がやりたくない業務はあるか。あなたは、すべてのシステムや体制を完全に把握し、全員をサポートできるか。

あなたがサポートしきれない業務が存在する場合、その遂行のために部下や同僚に頼りすぎていないだろうか。

❸ あなたの学校の教師たちは、どの程度リーダー〔主任など〕を務めているだろう。日々授業や業務に追われる彼らに、十分にそれを行うだけの時間があるだろうか。

Q．管理職のバーンアウトは大丈夫？

管理職は、あらゆることに対する答えを持ち、スクール・コミュニティの安定と健全さを確保するために自分の感情をコントロールしなければならない、という大きなプレッシャーを抱えている。ではそのような環境で、管理職自身が過剰なストレスにさらされている、または、バーンアウトしていると気づくには、どうすればよいのだろう。もちろん、この章でこれまで紹介してきた自己診断テストを行うことはできるが、それに加えて、管理職特有のサインもいくつかある。

● 管理職には、「根っからの教師」という人が多く、日々の生徒たちとの交流が喜びであり、モチベーションにもなる。でも、現実は、1日の大半を自室で文書と向き合って過ごすので、無理にでもそこから抜け出さない限り、自分が本当にやりたいこと――生徒と過ごすこと――ができない。これは、自分の時間を自分でコントロールできないということでもある。

● 管理職として成果をあげるには、自らが先導的な学び手（Lead Learner）となる必要がある。もしそうでなくなってきたと思ったら、一度立ち止まり、バーンアウトしかけていないか確認するべきだろう。たとえば、あらゆるシステムや体制、新しい指導法・学習法を学ぶのが億劫となり、部下や同僚が把握してくれてさえいればよいと思うようになってきた場合だ。

また、教育者に求められるものは、選挙が行われるごとに変わる場合が多い。学校の管理職は、そうした外的な変化を自分の中で消化し、成長につなげなければならない。変化が起こりやすい環境でも、自分の教育者としての目標に集中し続ける必要がある。

出典

1. Mayo Clinic Staff. (2021). *Job burnout: how to spot it and take action*. Mayo Clinic (21 June). https://www.mayoclinic.org/healthy-lifestyle/adult-health/in-depth/burnout/art-20046642(accessed 25 November 2022)
2. 同上
3. 同上
4. 同上
5. Hemingway, E. (1926). *The Sun Also Rises*. New York: Grosset& Dunlap.
6. Mayo Clinic Staff. *Job burnout: how to spot it and take action*.
7. King, J. (2016). *The invisible tax on teachers of color*. The WashingtonPost (15 May). https://www.washingtonpost.com/opinions/the-invisible-tax-on-black-teachers/2016/05/15/6b7bea06-16f7-11e6-aa55-670cabef46e0_story.html (accessed 25 November 2022).

Chapter 3

What You Teach

「何を教えるか」とバーンアウト

「自分の仕事が大好きな先生は、授業内容に情熱を持っています。教えているときのエネルギーもすごくて、他にはない授業をしてくれました。とくに、私たちに鮮明に覚えておいてほしいことを扱う授業では、オーラが違いました」

——エリ、2014年卒

教師は、州や国の指導要領、州のテストや使命にビジョン、学校や学区の「指導の焦点」（日本での「教育目標」に近い）、その他さまざまな要項に沿ってカリキュラムを作成する。その上さらに、それが自分の目的にも合うようにするなんて、不可能だと思うかもしれない。ところが、教師が仕事に熱心に取り組み、生徒にいい刺激を与え続けるには、教える内容に対して教師自身の好奇心や情熱に火をつける必要があることがわかった。だから私たちは、**日々の業務やカリキュラムを自分の目的とリンクさせる（生徒の情熱や経験、興味を尊重しつつ）ことは、教師にとって必要不可欠**だと考えている。

縛りが多く、時間は限られ、他にもカリキュラム・デザインに影響を与える要素がたくさんある中で、かなり無茶な注文だというのは承知している。そこでこの章では、あなたの目的と教える内容とのつながりを強化する、さまざまな戦略を紹介したい。そしてその合間には、私たちの、自分のカリキュラムにワクワクし続ける方法を見つけ出すまでの苦労と成功を紹介している。私たちが経験したことと、あなたが経験していることが同じではないだろうことは理解しているが、たとえ状況が違っていたとしても、あなたのヒントとなることが少しでもあれば嬉しい。

また、**あなたのターン**にある質問やアクティビティは、今、自分が置かれている状況に意識を向けるのに役立つはずだ。さらに、教えなければならないカリキュラムの内容に納得がいかない場合でも、自分の中の炎を絶やさないようにする方法もいくつか紹介している。

他にも、自分の目的と合わないカリキュラムを教えたときのことも書いた。それはたとえば、生徒の知識やスキルを適正に評価できるとは到底思えない標準テスト〔日本の共通テストに該当する、大学受験のための試験〕に備えさせなければならなかったり、生徒と教師のどちらにとっても精神的に害となりそうな体系の指導要領に直面したりした経験だ。

また、教師のカリキュラム作成や遂行をサポートする管理職向けの具体的なアドバイスも紹介している。たとえば、実際に教える内容と教師自身のWhy——教師を続けているそもそもの理由——とのつながりを強化するための研修やコーチングなどについてだ。

この章のリフレクション

メレディスのターン

カリキュラムの内容と自分の目的とを結びつけることに成功した授業づくり。

レベッカのターン

自分の目的と合わない学習指導要領に対する対処法。

メレディスのターン　レベッカのターン

教育者として刺激をもらい続けている質問や著者、その他リソース。

この章のポイント

・あなたの目的に合ったカリキュラムや授業をデザインすることの意味。
・カリキュラムの内容があなたの目的と合っていないときに起こりうる、あなたと生徒への影響。
・カリキュラムと自分の目的を合わせる方法と、違和感を覚えたらすべき対処。

メレディスのターン

最初の授業で教師のWhyを明示する

自分が教えていた教室や提示していた授業のめあてについて思い返す。そこでは私はいつも生徒に、「あなたたちが、年度の最後には歴史という教科を好きになっていてほしい」と言っていた。彼らが私の教えたことをすべて覚えていてくれるかは、どうでもよいことだった。それよりも、学ぶという体験や歴史の紡ぐ物語、学んだ内容について深く考えたという経験を忘れないでいてもらうことのほうが大事だったからだ。授業で行ったディベートや歴史の一場面を再現したロールプレイ、「もしも○○だったら」と歴史のifを考えたこと、エッセイやプロジェクトに取り組んだことを、彼らは覚えてくれているだろうか。

私にとって、暗記を重視しない授業をすることは、ものすごく重要だった。ただ覚えるのではなく、歴史学者みたいに考えられるようになってほしかった。それは、教室の構造とカリキュラムを工夫したことで叶えられた。私の役割は、ただ伝書鳩のように歴史的事実を伝えることではなく、彼らが過去に起こった出来事を詳しく観察し、現代社会にどう影響したか理解できる仕組みを提供することだった。つまり私がストーリー・テラーで、彼らは意味とつながりのクリエーターといったところだった。

まず新学期最初の授業で、スロバキア国民蜂起の橋〔SNP橋やUFO橋などと呼ばれることもある〕を写したシンプルな写真を見せた。前の年の夏に、旅行でスロバキアのブラチスラヴァを訪れたときに見た橋だ。まるでUFOのようにきれいな流線形で、当時そのてっぺんに高級なバーがあると知って驚いたのだ。バーになる前は、ブラチスラヴァが共産主義国だった頃の政府高官が使っていた場所だったという。政府関係者のみが橋の中に入れたらしく、聞いたところによるとその理由は、頂上からは裕福な、当時資本主義だった隣国が見えたからだそうだ。

それで、初日から生徒に何をさせたか。まずプロジェクターで写真を投影し、橋にどんな歴史があるのか想像し、書いてもらった。てっぺんにUFOが乗っているかのような見た目から、戦争や風変りな貿易、橋がつなぐ2つの街の関係といった、独創的な内容のものが多かった。その後はクラス全体でそれぞれが書いたものを共有し合い、どうすればこの中から真実を判別できるか、また、私たちが学んでいる歴史は真実なのか、というテーマで話し合った。それから、私が歴史の学習で大切にしていること――物事をよく観察して問いをもつことの大切さについて触れたあと、実際の橋の歴史を話して授業を終えた。

私は、**初日の授業には、教師としての原動力に通じる内容を含めることが必要不可欠**だと気づいた。教師は、生徒が教室に入った瞬間から、彼らが物事に問いを持ち創造力を働かせるよう励ます存在でなくてはならないのだ。

自分のWhyが詰まった授業づくり

第一次世界大戦について教えていたとき、生徒に、連合国と同盟国が塹壕《ざんごう》〔敵の攻撃から身を守るために陣地の周りに掘る溝〕をどのように使っていたかを理解してもらおうと考えた。そうしてつくったある授業が、のちに私を校内で有名にした。

まず、クラスを2つのグループに分け、それぞれのグループで机を塹壕に見立てて、戦術を練らせた。机をどう配置し、どう戦うかを考えるのだ。次に、紙を丸めたボールと塹壕を作るのに10分。そうやって準備が整ったら、紙ボール合戦が始まる。戦い終えると、それぞれの塹壕や戦術の批評、そして、いかに「無人地帯〔敵と味方の塹壕のあいだの危険な地帯〕」が危険かといった、濃いディスカッションが繰り広げられた。また、最初に塹壕を飛び出してグループのために命を捧げた、もっとも勇敢な兵士に拍手を送ったり、表彰したりした。この授業は生徒に歴史とつながる機会を与えてくれ、教室では一人一人が役割を持っていることを教えてくれた。

また、ホロコーストについて教えたときは、さまざまな視点を理解するため、数々のアクティビティに取り組ませた。その中で、『パラレル・ジャーニー』（未邦訳）という本を使ったことがあった。ホロコースト前は親友同士だったドイツ人とユダヤ人の男の子たちの物語で、ヒトラーが政権を握るようになると、1人はヒトラー青年団に入り、もう1人は家族で身を隠したのち強制収容所に送られてしまう。この2人の人生を、それぞれの視点から語る内容になっている。生徒たちはいくつかの章を読んでから、ソクラテスメソッド〔さまざまな意見を聞いて自分の意見を整理する手法〕やジャーナリング〔思い浮かんだことをそのまま書いて自分の理解を深める手法〕に取り組む。彼らがこうした私の授業で本音を語ったり、自分とは異なる意見や視点を得たりする姿を見せてくれたのは、ものすごく大きな力になった。**生徒にとって私の授業は、自分を表現し、質問をし、仲間たちと関わり合うことができる場所として認識されていた**のだ。

私は常に、生徒が批判的に考える機会をもてるよう工夫し、自分自身の意見は最低限に留めることを心がけていた。たとえば産業革命の単元では、クラスを複数のグループに分け、書籍の効率的な製造ラインを考えさせた。また別の授業では、帝国主義の与える影響を深く理解できるように、映画『ホテル・ルワンダ』〔1994年春のルワンダ虐殺をテーマにした作品〕

の分析を行ったこともある。私の授業の目標は、生徒が受け身にならないようにすること、さらに、彼らの脳が授業中を通して刺激され続けることだった。そして、彼らが学んでいる歴史に問いを持ち、授業のカリキュラムに親近感と情熱を感じてくれることを願っていた。そのために私が工夫をこらすことで、彼らは自分事として歴史を学び続けてくれた。

カリキュラムが目的に合わないと感じたら

教師時代、担当教科でどうしてもカリキュラムが自分と合わないと感じたのが、AP世界史だった。APクラスを教えるには教師も専門のトレーニングが必要で、私自身が学ばなければならない内容と生徒に学ばせなければならないカリキュラムの分量の多さに、私は参ってしまった。授業でディスカッションができるよう、テキストのほとんどは家で読んできてもらい、それと同時進行でカレッジボード〔日本の共通テストにあたるSATやAPクラスのカリキュラムや試験を運営するアメリカの非営利団体〕のテスト対策をさせる必要もあった。この教科の授業に関してはまったく自信が持てず、私にとっては苦難の時期であり、最後までこれといった解決策は見つからなかった。結局、当時の上司に、次年度にはAP世界史を外してほしいという、本来なら避けたい会話をしなければならなかった。ただその後、この授業を持たずに済むようになると、ようやく自分が本当に情熱をもっていることに力を入れられるようになった。

部下や同僚が自分のWhyを活用できるようサポートする

私は管理職として、部下や同僚が自分のWhyを育て、そのWhyを中心としたカリキュラムを作る手助けができるのが、何よりも嬉しい。実際にそうやって成長してくれた何人かを思い浮かべることもできる。学校のお金の使い道は、基本的には校長である私に委ねられる。そのため、私には、教師が目的を達成するために必要なリソースや研修の機会をつくることができる。

その一環として私たちの学校では、より複雑なプロジェクト学習を実現できるよう、サポートとしてティーチング・アーティスト〔芸術を通して人を教育することを仕事の一部としている芸術家〕を派遣する外部団体と提携している。校内に、３Ｄプリンターなどのハイテク機器や昔ながら工作機械を揃えた実験工房を設立し、その維持にも力を貸してもらっている。このパートナーシップのお陰で、教師たちのさまざまな授業アイディアを実現できた。たとえばコロッセオの模型を作り、それをメインセットに使って、生徒が書いた脚本と演出で劇を上演する授業ができた。また別の機会には、架空の島やダムの実物大模型を制作し、そこでどのような文明が生まれるか、またその文明の立場から、その土地の地理的利点や制約を理解する、といった活動も行った。こうした課題や発表、経験は、生徒だけでなく、教師の刺激にもなっている。

他にも、ある２人の教師と協力して、社会正義に関する題材を数学の授業に取り入れたことがある。**私が管理職として行ったことは、彼らが真に情熱をかけられるものを見つけるサポートと、州外で行われる研修に参加する資金の確保**だった。２人は研修から戻ってくると、物体の衝突角度についての単元を計画し、そこからさらに踏み込んで、銃規制法と銃による暴力が若者に与える影響についての分析を行った。カリキュラムが成長したのだ。

このように、単元が実際に成長し、素晴らしい形で実現したのは、教師が自分の情熱を育て続けた結果だった。そして、それはなんと、生徒の成績にも直接表れた。教師が自分の教師としての目的に合った課題を取り入れた結果、生徒たちのテスト成績が伸びたのだ。

これまで、教師が明確な授業のビジョンを持ち、それがきちんと反映されているとき、そのカリキュラムが成長するのを何度も目撃してきた。ただ、縛りの多い教師という職業――スタンダードに沿って教え、カリキュラムの定める目標を達成し、教師の評価システムの一定基準を満たす必要がある――にとっては、難しいだろうことも理解している。

自分のWhyに合わせる

授業のあと、生徒たちが教室を出ながら、その日のディスカッションの続きを話している。この様子を見る以上に、教師として嬉しいことがあるだろうか。私は、どの授業もそうなるよう努力していた。特別授業や校外学習だけでなく、日常のすべての授業やディスカッション、新しい単語の一つ一つが、彼らの好奇心や情熱を刺激するような教育がしたい――それが、私の望みだった。

それが容易ではないこと――とくに、同じタイミングで、すべての生徒にとなると――はわかっていたものの、そうできることを常に目指していた。この頃はまだ、自分の教師としての目的が「生徒たちの好奇心に火をつけ、たくさんの問いを持つことができるように、楽しく、活気ある、魅力的な、力になる学習体験を提供すること」だとは気づいておらず、**ただ自分の中の炎を燃やし続けるには、生徒たちの知性に火をつける必要がある**ことだけがわかっていた。

具体的に見ていこう。当時の私は、生徒が自ずと学びたくなるような方法を常に模索していて、とくに**「場所」**からヒントをもらうことが多かった。たとえば、新たな学校の創立メンバーになるにあたり、初めて校舎を訪れたときのことである。次期校長は、私を5階建て校舎の屋上に案内してくれた。ニューヨークの焼けつくような暑い夏の日、真っ青の空を遮るように連立する高層ビルや超高層ビルに囲まれるようにして、比較的背の低い、どっしりと大きな造りのその校舎は建っていた。バスケットボールのコートの薄れかけた線が見えるコンクリートからは、熱波が立ち上っていた。私たちは、照りつける太陽から目を守ろうと額に手をかざした。その瞬間、私が最初に思ったのは、**「これはシェイクスピアをやるのに絶好の場所だ」**だった。

それから3年間、私が教える9年生は、春にシェイクスピア作品を読み、夏になると自分たちで脚本から作り上げた劇を炎天下の屋上で演じた。私たちはこれを「屋上のシェイクスピア」と呼び、毎年、在校生向けに午後の部と、家族向けに夕方の部を上演した。するとある年、終演後に一人の保護者に話しかけられ、これほど高校生たちから慕われている教師は見たことがない、と言われたのだ。それまで何週間ものあいだ、劇をかたちにするべく大混乱の時間を過ごした後だっただけに、その言葉は一生忘れられない慰めとなった。それもそうだ、14歳の子どもたちが年度の終わりに一番やりたがらないような、古い英語を暗記させるために、彼らをなだめ、おだて、厳しく叱り続ける必要があったのだから。でもそのおかげで、だれもが直前まで「絶対にうまくいきっこない」と思っていたのに、他の在校生や家族が感心し、誇らしく、もしかすると少し羨ましいと思うような成功を収めた。劇の準備期間中は多くの生徒に疎まれたが、この素晴らしい結果によって、彼らも苦労した甲斐があったと感じていたのではないだろうか。

続く数年間は、卒業に必要な単位が取れていない12年生向けの授業を担当し、ティーチング・アーティストと協力して『君のためなら千回でも』(早川書房)から着想を得た壁画を制作した。他にも、「ニューヨーク市の芸術と文化」という選択教科をティーム・ティーチングで担当し、毎週、校外学習として市内に出かけたり、ニューヨーク市が舞台の作品を読み、作中に登場する場所に実際に行ってみるというサマースクールの授業を作ったりもした。たとえば、エドナ・セント・ヴィンセント・ミレイの『レクエルド』を読み、1日中スタテント島フェリーで往復を繰り返したり、セントラルパークでホールデン・コールフィールドが歩いたあたりを散策したりした。

さらに、生徒たちがブルックリン美術館のバスキア展やさまざまな舞台演劇――デンゼル・ワシントン主演の『オセロ』やジュード・ロウ主演『ハムレット』、さらには、リン＝マニュエル・ミランダが主演した最高傑作『イン・ザ・ハイツ』――を見にいけるよう、資金をかき集めたりもした。また、生徒が自分でその学期に取り組む内容を計画する自律学習のクラスを担当したときは、マルチメディア写真集を作るという課題を設定したことがあった。ヒントとなったのは、明晰夢に興味をもった一人の生徒が作った写真集で、そこにはさまざまな人に夢について尋ねたインタビューや、その内容を再現した模型の写真がまとめられていた。その生徒は、旧来式の授業が嫌で授業をさぼることで有名だったが、その自律学習のクラスでは生き生きと学び、卒業後は“We Lurk Late”〔俺たちは深夜までうろつく〕（グウェンドリン・ブルックスの有名な詩の一節から名前を取っている）というアパレル会社を設立した。他に、1学期のあいだにオリジナルの詩集を書き上げた生徒もいた。**私は、生徒たちが楽しさと厳しさの両方を経験でき、その2つが互いに矛盾しない授業づくりを心がけていた。**

「高い期待」の危険性

私は、カリキュラムを自分の目的というレンズを通して見るという思想をもったことがなく、それどころか、自分の教育者としての目的が何なのかもはっきりとはわかっていなかった。しかし、「生い立ちや読解力に関係なく、自分の生徒たちは全員、もっと恵まれた学校に通う、もっと恵まれた生い立ちの生徒たちと同じようにできるはず」という確固たる信念をもっていた。そのため、生徒たちが気おくれするような無理な要求をいくつも突きつけてしまっていた。いくつかを挙げるなら、1日1時間読書をする、週に5つの新しい単語を覚え、年度の終わりまで繰り返し小テストをする、自分の回想録をまとめた冊子または詩集を作る、毎回授業の始めに瞑想をする、早めに登校して提出物を必ず期限内に出す、『雅歌』〔ヘブライ聖書の一編〕と『彼らの目は神を見ていた』（新宿書房）を読み、理解し、愛する、学校地下の使われていない音楽室を、既存の参加型劇場や文学作品のコンセプトを取り込んだインタラクティブなお化け屋敷にし、そこから廊下、カフェテリア、最後はタイムズスクエア〔タイムズスクエアのど真ん中に店舗を構えるチケットストア〕へと飛び出し、『十二夜』（シェイクスピア）のフラッシュモブをする、などだ。生徒の何人か（あるいは全員）が不可能だと思うような内容ばかりだったが、生徒たちは私の「あなたたちなら大丈夫」という励ましを信じ、達成に向け、ともに頑張ってくれた。

ところが、「生徒たちに最大限の要求をすること」に対する私の執着には、別の顔もあった。

「高い期待」というフレーズは当時、教師がその生活のあちこちで耳にする決まり文句だった。ミーティングや研修でも、耳にタコができるほど聞いた。国語教師だった私は、教師のもつ「高い期待」こそが、生徒自身の言語生活やその意欲を規定すると教えられた。そして、ヤングアダルト（12〜18歳）向け文学作品は生徒の自立的な読書に最適だと言われた。かと思えばその一方で、授業で読むのは名著、あるいは長く受け継がれてきた作品、メッセージ性の強い回顧録や現代社会を捉えたノンフィクション作品でなければならない、とも学んだ（こうした作品はほとんどが白人によるものだった）。

当時は、こうした伝統文学に固執することが白人至上主義を加速させ、白人以外の声や経験を排除することと同義だとは気づけなかった。まして、「それらは読むに値しない」という嘘を強化する武器になってしまうなど、知る由もなかった。

私の「高い期待」へのこだわりは、このように生徒にとって不健全なだけでなく、私自身、さらには同僚との関係にとっても有害だった。まず、**自分自身に対する期待も高かったせいで、勝手に過度のプレッシャーを感じていた。**そして、それはもはや「完璧主義」（白人至上主義文化のもうひとつの特徴）というレベルではなかった。当時の私はすべての失敗を自分のせいだと受け止めてしまっていて、ある同僚は、私が涙を流しながら学校を出る姿を今もよく覚えているという。涙の理由？　受け持っていた生徒たちが、模擬テストで悪い成績をとったからだ。この、一番になることと最善を尽くすことへの執着は、私と同僚とのあいだに距離を生み、私の人間関係は悪化した。目の前にバーンアウトが迫り、私の教え方それ自体が、私に目的を与えてくれたものを壊そうとしていた。

最終的には、「高い期待」とは、生徒たちに対する信頼と、「楽しく、活気ある、魅力的な、力になる学習体験を提供する」という目的の表れであることが、生徒に伝わる方法を見つけたのだ。しかし、それにはまず、自分自身が新米教師の頃に学んだ方法論と、すっかり身に染みついてしまっていた体系的価値観（「高い期待」のような）を、それ以上引きずらないようにする必要があった。

変革のための構想

私が教師としてもっとも大きな影響を受けた本は、プリヤ・パーカーの『最高の集い方』（プレジデント社）という、教育書とはまったく異なるジャンルの本だった。よいホストになることで多くの人を集めよう、といったことが書いてあり、教師の役割に対する私の考えを大きく変えた。多くの教師が、「教師とは生徒に寄り添うガイドであり、壇上の聖人ではない（The guide on the side, not the sage on the stage.）」という、陳腐な文句を聞いたことがあるだろう。この隠喩を、もう一歩先に進めてみたい。もし、教師が自分をパーティーのホストとして考えたとしたらどうだろう。教室では毎日パーティーが開かれていて、生徒たちはゲストだとする。ゲストにはどう接するだろう。ゲストが楽しい時間を過ごし、「次にまた皆で集まるのが待ちきれない！」と思いながら帰ってくれるようにするには、どうすればよいのだろう。ドレスコードや持ち物など、ゲストがパーティーに必要な準備を整えて来てくれるようにするには、どう伝えればよいのだろう。そして、もっとも重要なのはこれだ。**どうすればゲストたちは、このパーティーこそが自分たちにとって最高の、もっとも重要な場所だと思えるだろう？**

授業のたった1時間で、生徒は変貌を遂げる。そのために皆が集まって学ぶあの1時間かそこらの時間を、貴重な時間として扱ってみたらどうだろう。もう二度と、同じ時間は訪れないのだから。トム・ウェイマンが教育をテーマに書いた詩で、お気に入りの一つがある。「私は何かを見逃した？」（What did I miss?、未邦訳）だ。その中で、彼は次のように述べる。

この教室の中にあるのは
人類の小宇宙
あなたが問い、観察し、深く考えるために集まった（私訳、出典1）

「授業の前後で、生徒たちはどう変わった？」これは、私がコーチとしてクライアントの教師に尋ねるお気に入りの質問だ。生徒は学ぶために授業に来るのであり、学びとは変容のプロセスだ。では、生徒は今日の授業を受けた結果、どのような変容を遂げるだろう。私たちが教室を変容の場所だと思わなければ、そこで起こる出来事のほとんどは、ただの息苦しい取引のように感じられるだろう。では、教室とは毎日必ず素晴らしい変容が体験できる場所だと思えるようにしたら？　生徒がそこに、問いを持ち、探究し、夢を見るために集まり、木曜日の午前10時6分に決まって、人生を変えるほどの新しい視点を得ることができる場所だと思えるようにしたなら、どうなるだろう？

教師の素晴らしいところは、毎年新年度に新たなスタートを切れることだ。新たな生徒を迎え、彼らのためによりよい教師になることができる。これは学級担任だったときもそうだったし、大人相手に研修のデザイナー兼ファシリテーター〔持続的に学び合う職員に指導やアドバイスを行う〕を始めてからは、より一層当てはまるようになった。教師として過ごした最後の1年は、私とメレディスは主任教諭として、管理職主導の、ただ座っているだけの退屈な研修をなんとか改善しようと努力した。私たち自身も10年ものあいだ耐えたあの研修だ。そして毎週水曜日の午後に、２人で改善した全教員向けの研修を実施した。
なかでも我ながら一番よかったと思っているのが、生徒が教師たちに授業をした回だ。自分の会社を立ち上げ、ワークショップの内容をより自由にデザイン・ファシリテートできるようになった今は、これまでの序列や方式を打ち破る、教師と生徒による世代を超えたラーニング・コミュニティを作るための機会を探している。過去に自分が生徒たちに「読むべき・学ぶべきだ」と期待した内容に対する後悔はたくさんあるが、今、関わらせてもらっているすべての学習者《learner》たちのために、さらに努力を続けたいとも思っている。あなたのWhyに、使用期限はない。やり直すのに、遅すぎるということはないのだ。

あなたのターン

カリキュラムを評価する

第1章の終わりに明確にした、あなたの目的に立ち返る。以下のレンズを通して、目的を見直してみよう。

- あなたが教えている内容に対して、あなたの目的がもつ意味は？
- あなたの行う授業内容があなたの目的に合っていたなら、生徒は何を学ぶことができる？
- あなたの目的を達成するのに役立つのは、カリキュラムのどんな特徴？
- あなたの目的に合った授業をすでに実行できた教科や単元はある？
- あなたの目的に合った授業をする上で、障害となったのは？

次に、カリキュラムに戻って、あなたの目的と直接関係がある箇所を特定しよう。カリキュラムの中で、あなたが好きなところはどこ？　その理由は？　なぜ、インスパイアされるのだろう？　あなたの目的とカリキュラムの共通点を深く理解できたら、どうすればそれを多くの授業で再現できるか考えてみよう。カリキュラムの内容を目的と合うようにする方法がもっとたくさん必要な場合は、付録にある『あなたの目的に合う授業計画ツール』を見るとよいだろう。あなたがすでに持っている授業計画ツールと一緒に使えるようになっているだけでなく、チームやティーム・ティーチング、その他の共同で授業計画を立てているコミュニティでの検討でも使える。

「心に響く授業」を分析する

多くの教師には、何年経っても覚えているお気に入りの授業がある。そしてそうした授業は往々にして、当時の生徒の記憶にも残っている。教師が楽しみにし、生徒たちのあいだでも評判が高い授業だ。あなたがこれまでしたなかでお気に入りの授業を一つ選び、次の質問に答えてみよう。

- その授業が、あなたや生徒の心に響いたのはなぜ?
- その授業を通して、生徒はどんな知識や技能を身につけることができる??
- その授業は、あなたの目的にどう結びついている?

- なぜあなたは、教師という仕事から刺激を得たり、高い意欲を持ち続けられるのだろう。そのお気に入りの授業からわかることはある？

与えられたカリキュラムを好きになれないときは？

場合によっては、学習内容を決定する権利が教師になく、何の面白みもない授業計画を立てなければならないこともある。多くの教師は、州や学区、校種によって定められているカリキュラムや、学校で作った（つまり個別調整が難しい）カリキュラムを教えている。自分にとって魅力的だと思えないカリキュラムは、どのように教えればよいのだろう。一つには、その中で生徒が本当に必要としている内容に注目することで、そのカリキュラムに対する先入観を取り払うことはできないだろうか。あるいは、よりあなたの目的に合った生き方・働き方ができるよう、カリキュラム以外に変えられることはないだろうか。いくつかのヒントを紹介しよう。

- カリキュラムをしっかりと読み込み、興味深いと感じたところに印をつける。
- 教える順番に融通を利かせられる場合は、もっともワクワクする単元から始める。
- 教え方について考えてみよう。そのカリキュラムを、自分のWhyに合う方法で教えられないだろうか。
- 内容なら、それを強調するのではなく、そういった白人中心主義自体やカリキュラムにおけるバイアスを批判するような形で教えられないだろうか?
- あなたがインスパイアされた作家や思想家の著作一覧をつくったり、その中で共感した名言や考えを1冊のノートにまとめたりする。刺激と元気をもらえる言葉を読み、書き、振り返る時間を作る。
- あなたと生徒がカリキュラムの内容に当事者意識を持てるように、そして意味があると感じられるように、できる限りチャンスを模索し続ける。
- 自分のコントロールが効く範囲の広さを考える。カリキュラムを変えられない?では、何なら変えられるだろう?
- 付録にある『合わないカリキュラムの修正ツール』を使ってみよう。単元や授業をあなたの目的に合わせられるかもしれない。

標準テストがすべてではないけれど

教育に携わる以上は絶対に避けて通れないもので、多くの教師が恩義を感じてもいるのが、生徒に義務づけられる「標準テスト」だろう。このテストは、ほとんどの生徒にとって重大な、もしかすると一生をも左右する影響力をもつ。また、教師にとっては、受け持った生徒の結果によって評価される（ときに非難の対象となる）のが、このテストだ。だからこそ、目的を明確にしておくことが重要なのだ。

生徒に標準テストで高い点数を取らせるために教師になった、という人は少ないはずだ。だからと言って、無視できる存在でもない。例えば、あなたの教師としての目的が「若者たちが夢を叶える手助けをすること」だったとする。そのためには、彼らの可能性を広げる――つまり、生徒が人生で目指している場所がどこであれ、可能な限り多くの道を用意する――必要がある。残念ながら、このとき、標準テストは生徒が目指す道を進むために乗り越えなければならない門番のような役割を果たす。そのため、あなたの目的——若者の夢を手助けする——を叶えるためには、生徒自身が自分で進むべき道を見つけ、必要な準備を整え、必要な門を開けられるよう、教えなければならない。受験勉強が足りていないとか、いい点が取れなかったらどうしようと不安に思う時間から生徒が得られるものは一つもない。必要なのは「テスト対策」ではなく、「テストそのもの」——学力を測る仕組み、何を測っているのか、誰のために存在するのか——について教えることなのかもしれない。そのように、「テストそのもの」に関する知識を身につけることで、門番を倒す準備が整い、さらに、彼らが自分たちの行く手を阻む邪魔者たちとの闘い方を理解し、夢を実現する手助けにもなる。

カリキュラムにある学習内容を まだ十分に研究できていないときは

まず、自分が教える内容に対して学習者《learner》の姿勢をとれたのは、とても素晴らしい！まだカリキュラムの内容で研究し足りない・理解しきれないものがあるうちは、そのカリキュラムを変えてしまわないほうが無難だろう。実際に教えてみて、自分や生徒がその内容とどう向き合ったかがわかったときに、あなたの目的とカリキュラムの関係性について考え始めればいい。

管理職のターン

課題に合わせた研修をつくり上げる

管理職としてできることもある。校内で用意する研修について、部下や同僚が意見を言いやすい環境をつくることで、彼らは目的に合ったカリキュラムを作成・実践しようと思えるようになる。研修は学校の課題を解決するために存在する。**その研修のあり方に教師一人一人が自ら関わることで、生徒に教えるカリキュラムと学校の教育目標とをつなげやすくなる**はずだ。校内の研修は、教師一人一人が学校の意思決定プロセスの中心となる重要な場だ。

- あなたの学校での研修を計画しているのは、誰？
- あなたの学校での研修の計画における、教師たちの役割は？
- あなたの部下や同僚が、研修について振り返ったり、フィードバックする頻度は？
- 研修に、彼らのフィードバックをどのように取り入れている？
- あなたの学校では、教師が授業のカリキュラムを振り返り、自分の目標や目的とのつながりを考える機会はどのくらいの頻度である？

カリキュラム・デザインとサポート

カリキュラムを作成するときには、教師が、授業内容や教材と自分の目的とを照らし合わせる必要がある。もし学校が既存のカリキュラムを採用していて、教師が一から組み立てる必要がない場合でも、目的との重なりを見出すことはできる。もし、あなたがいま管理職の立場にいるのなら、その既存カリキュラムで各単元を計画するときに、教師が自分の目的と合わせる余地がどの程度あるか、確認しておこう。

- あなたの学校がカリキュラム・デザインのために提供しているリソースは、教師が年間、あるいは単元、授業ごとの計画を立てるときに、彼らの目的について考える役に立っている？
- あなたの学校では、教師たち同士がカリキュラムについて協働する機会があるだろうか。一緒にカリキュラムを計画し、フィードバックし合い、生徒の学びを見直し、それに基づいてカリキュラムを修正する、というような機会だ。
- あなたの学校では、教えているカリキュラムが目的とのつながりをもてているか、教師が定期的に自己評価できているだろうか。
- あなたは管理職として、部下や同僚が「テストのため」ではなく「テストそのもの」を教えられるように、どのようなサポートを行っている？
- あなたは管理職として、部下や同僚がカリキュラムに対する先入観を取り払えるように、どのような取り組みをしている？
- あなたは管理職として、現状のカリキュラムに抵抗を感じている教師に対して、どのように向き合い、サポートしている？
- カリキュラム・デザインについて、あなたは管理職として、どの程度の融通を利かせられる？　教える内容が何であれ、教師が創造性を発揮し、意欲的に取り組める余地を生むには、どうすればよいだろう？

出典

1. Wayman, T. (1993). *"Did I Miss Anything?"* Did I Miss Anything?Selected Poems 1973–1993. Madeira Park, British Columbia:Harbour Publishing. https://www.loc.gov/programs/poetry-and-literature/poet-laureate/poet-laureate-projects/poetry-180/all-poems/item/poetry-180-013/did-i-miss-anything/(accessed 25 November 2022).

Chapter 4

How You Teach

「どう教えるか」と バーンアウト

「授業をしていて幸せそうじゃない先生は、バーンアウトしているとわかります。私たちにとって必要な情報を与えてくれず、毎日、自習にします。そうすると、教室は緊迫した、居心地の悪い場所になる」

――2026年卒予定、エミー

一つ前の章では、カリキュラム――何を教えるか――について話したが、この章では、学習指導――どう教えるか――に焦点を当てる。生徒が、カリキュラムの定める学習内容に積極的に取り組むようにするために、どのような戦略や技術、手法をとるか、ということだ。ここでは、特定の指導モデルやテクニックを宣伝するつもりはない。そうした個々の方法論でなく、**あなたの仕事のやり方とバーンアウトとの関係について焦点を当てる。**まずは、あなたがとっている方法がどんなものなのか、そしてそれがあなたや生徒にどのような影響を与えているのかを認識する必要がある。その結果、もしその方法が、あなた自身やあなたの情熱、目的、生徒の役に立っていないのなら、どうすれば変えることができるかを考えなくてはならない。

あなたの学習指導は、あなたの目的に合っていなければならない。もちろん、学校や学区の方針も守る必要はある。ただ同じくらい大事なのは、あなた自身の信念について、そして、その信念が学校や学区の方針とどのようにつながるかをよく考え、常に、確実に、完全に、あなたの信念が学習指導に落とし込まれていることだ。学習指導こそが、あなたと生徒の日々の関わりを形づくる。だからこそ、そこにあなたの目的が落とし込まれていれば、あなたの炎を燃やし続けるカギになる。

本章では、これまでの章でもそうしてきたように、私たち2人の教師として、そして管理職としての経験を共有する。それを読めば、私たちの学習指導もまた、自らの目的への理解が深まるにつれ進化していったことがわかると思う。そういった私たちの考えや学習指導の変化は、多くの場合、そのころ私たちの周りで起こっていた、さまざまな出来事への反響だった。そしてそうした出来事が私たちの生徒――さまざまなルーツをもつ――にどう影響するのかも、目の当たりにしてきた。

すべての読者が、私たちが体験したことの細部にまで共感を覚えるとは思わないが、ここで実例を用いて紹介するリフレクションは、どれも私たちが実際に経験した学級運営や指導における苦労や成功に基づいている。さらに、あなたのターンでは、学習指導とあなたの目的とのつながりを振り返るのに役立つ質問やアクティビティを紹介する。教師である自分自身や生徒の声を聞くことを、あなたのリフレクションに根づかせる方法などだ。

この章のリフレクション

メレディスのターン　レベッカのターン

新米教師だった頃、教員養成に携わる大学教授やメンターからのアドバイスを、どのように内面化し、実践したか。自分たちの目的を自覚するにつれ、自分たちの学習指導はどのように変化したか。

レベッカのターン

マジョリティの特権や、自らが教室内のマジョリティであるという事実が、自分たちの教え方にどのような影響を与えるかを知るに至った経緯。

この章のポイント

・あなたの目的に合った指導方法を編み出し、取り入れるとはどういうことか。
・あなたの教え方が目的に合っていないときに起こりうる、あなたや生徒への影響。
・あなたの目的と指導とを合わせる方法や、何か違和感を覚えるときにすべきこと。

メレディスのターン

本当の尊敬を得ること 本物の信頼関係を築くこと

私が自分のクラスでもっとも大切にしていたのが、**生徒との関係を築く時間だ。**これは同僚からもらったアドバイスの影響が大きい。同僚の「仕事にはエゴを持ち込まない」という言葉は、今も私が常に心がけている信念となっている。現場教師だった頃、生徒が授業について否定的なことを言ったり、集中していなかったりしたときに、それを個人的に受け止めないようにするのは簡単ではなかった。でもあるとき、生徒の気が散るのは私を嫌いだからではないことに気づいた。**彼らが課題に最後まで取り組もうとしなかったのは、私が期待していることをきちんと説明していないときや、学ぶ目的がわからないとき**だったのだ。

さらに、生徒との関係を築く上で重要なことの一つとして、**自分の人種が人生に与える影響を認識する必要があること**も学んだ。生徒との面談でよく話したのは、私の白人という人種が私の決断や人生に与える影響はポジティブなものが多く、（特にBIPOCの）生徒のそれとはまったく異なるということだ。すると、オープンに認めたことで、生徒たちとの距離が縮まり、数多くの充実した会話が生まれた。

生徒が授業に遅刻したときはまず理由を聞いた。授業に興味をなくした生徒が居眠りをしていたときは、授業を拒否していると受け取るのではなく、いったん立ち止まり、本人と話して、どうするのがベストかを探る機会として捉えるようにした。あるいは、生徒に重大なことが起こっていると気づいたときは、カウンセラーにつなげた。**「彼らには私がついていて、私は彼らのことを知りたいと思っているし、サポートしたいとも思っている」と生徒にわかっておいてもらうことが、私にとってとても重要だったのだ。**そしてそのことが、教科を問わず私の学習指導に直接影響を与えた。

生徒に力を与える仕組みと構造をつくる

私は、生徒の授業態度が悪いのは、そのクラスで求められていることがわからない、または授業内容が理解できない、あるいは、授業に必要な教材が揃っていないからだと思っている。学級運営における問題の根本的な原因は、学習指導や教授法にあると私が考えるのは、そのためだ。もちろん、最初からそのように考えられたわけではない。大声を出したこともあるし、教室でのルールを守らせるため、クラスポイント（貯まるとパーティーをしたり、お菓子がもらえたりする、クラスでポイントを貯めるシステム）を使ったこともある。何をすればよいのかがまったくわからないときもたくさんあった。ところが、何年かして、もっとも重要なのは、生徒たちをエンパワメントするクラスの仕組みと構造にすることだと気づいた。

とくに重要だったのは、生徒にクラス目標を周知し、信じてもらうことだった。見やすいように大きな字で「言い訳をするのではなく、努力をしよう」と書かれた紙を教室の前に貼り、生徒たちに毎日、このクラスで一番大切なのはあなたたちの努力なのだと伝えた。歴史の授業では、自分たちが学んでいる内容をより深く理解できるように取り組み、問いを持ち、口頭でも筆記でもよいので、自分の考えを表現するように努めること。その過程での努力は、正解を出すより大切であるということ。このモットーは、教室の文化だけでなく、私の授業の組み立て方、宿題の内容や評価方法をも変えた。私の生徒たちに聞けば、「メレディス先生の授業では、一生懸命に取り組んで自分の考えを表現すれば、先生が助けてくれるし、成功できるようエンパワメントしてくれる」と答えるはずだ。小さな一歩に聞こえるかもしれないが、徹底してこのやり方を貫いたことで、教室の中における私の精神的なストレスがいくらか軽減された。それは私にとって、苛立ちやバーンアウト、ストレスの引き金になったかもしれないものだった。その後も、私はこのモットーに従って生きてきたし、生徒にも同じようにこのモットーを大切にしてくれるよう導いてきた。

「授業は最初の5分が肝心」の真意

教師1年目に先輩教師から言われたことで、「授業は最初の5分で決まる」というものがあった。それを聞いて、私は、「態度」のことを指しているのだと解釈した。最初の5分間、クラスを「コントロール」できれば、授業中もずっと「コントロール」し続けられるのだ、と。そこで、「皆が『やってみよう』で集中したのを覚えている？今、もう一度その状態に戻ってみよう」などと言い、そのまま最後まで、静かで事務的な声のトーンで通すこともあった。ところが教師として成長するうちに、先輩教師が言っていた本当の意味が理解できるようになった。

それは、**最初の5分間で、すべての生徒が考え、問いを持ち、学ぶことに興味をもつことができれば、最後まで教師についてきてくれる**、ということだったのだ。授業開始から、クラスが一人残らず確実に教材にアクセスできることが重要だと書いたのは、そのためだ。そうすれば、生徒たちは残りの授業時間を通して、このクラスでは最後まで深く考えることが求められているのだと見通しをもつことができる。このルーティンは、すべての生徒に対し、私の授業では学びの障害となるものはないと示す上でも、とても重要だった。私たち教師は、自分の脳を覚醒させ、問いを持ち、カリキュラムに積極的に取り組めるようにしておく必要がある。

授業準備をコントロールする

私は、教師になって最初の2年間、ノースカロライナ州の田舎町にある学校に勤務し、ベッドルームが4部屋ある家に、もう3人の教師仲間と住んでいた。そのため、1日を通して会うのは教師ばかりで、いつでもどこでも授業計画を考えていることができた。何度か夜遅くまで学校に残ったときのことを、私は一生忘れないだろう。他の7年生〔アメリカの中学2年生〕の社会科の教師たちと、それぞれの教室に残って授業計画を立てていて、見回りの校務員が来ると、隠れるか、今まさに帰ろうとしているように見えるよう振る舞った。そして本当に帰るときは、内線を使って互いに知らせ、窓から抜け出して家路を急いだ（校舎が完全に施錠されていたため）。また、ある同僚がピックアップトラックを所持していて、教室の窓から飛び降りた私を、まさに〝ピックアップ〟してくれたこともあった。

おかしな話だと思うかもしれないが、小さな町に教師だけで暮らしていた私たちは、かなりの時間を、自分たちのクラスについて考えたり話したりして過ごしていた。私は常に生徒たちとのつながり方を模索しつつ、翌日の授業の準備もしなければならなかった。そして、そうやって最初の2年間を絶えず授業のことで頭をいっぱいにして過ごした結果、私は新米教師ながら、**起きている時間のすべてを授業の計画にあてることはできないのだと肌で学ぶことができた。**そのため、ノースカロライナ州の田舎町からニューヨーク市に移ったとき、教えるという人生の目標をこれからも続けるためには、何かを変えなければならないと考えていた。

では、どのようにして習慣化していた時間の使い方を変え、日々の授業を充実させるための授業計画を立てられるようになったのか？　いかにして、自分をバーンアウトに追い込むことなく、すべての生徒の力になれたのか？　長年のあいだに発見した中に、いくつか役に立つものがあった。**一つは、自分が担当する教科（私の場合は歴**

史）のすべてを熟知している必要はない、と受け入れたことだ。そういうわけで、生徒に面と向かって、彼らが質問をしても答えられない場合があること、内容によっては私自身も彼らと一緒に学んでいる過程にあることを伝えるようにしていた。翌日まで答えを待ってもらったり、お互いに答えを調べてきたりすることもあった。そのようにして、何から何まですべてを知っていなければならないというプレッシャーを和らげ、窒息することなく、授業計画により集中できるようになった。

もう一つは、授業のやり方を毎日変える必要はないと気づいたことだ。ものすごく効果的な授業の構成を考えついたため、毎日その構成に沿って授業を行い、その範囲内でアレンジを加えるようにした。どの授業も必ず5～10分程度でできる「やってみよう」からスタートし、その日の授業テーマに関する新しい情報——私が説明する場合や生徒に読んでもらう場合などがある——を教え、それ以降は、その日に学ぶ内容を使った、生徒中心のアクティビティにあてる。そして最後は、まとめのアクティビティとして、ディベートやソクラテスメソッド、生徒が考えた課題に取り組むのだが、この時間の生徒たちがもっとも生き生きとしているように見えた。

ちなみに、まとめのアクティビティは、教師生活を終えるまでには、かなり標準化されていた。授業の最後に、「分析しよう」という、その日の学習目標を振り返って分析するアクティビティをさせるというのがそれだ。このアクティビティでは、生徒は授業で扱った主要な概念を理解したことを示せる必要があった。毎回、何人かの生徒に彼らの「分析しよう」を全体に共有してもらい、残りの生徒には自己評価させた。

この授業の構成には創造性と安定感があり、お陰で、授業準備に人生を乗っ取られたと感じることはなくなった。**むしろ、自分でコントロールしていると感じられるようになった。**さらに、たとえ行き先がわからなくとも、私の授業の構成はわかっているため、生徒にも安定をもたらした。

Meredith's Turn

レベッカのターン

生徒たちの読書熱を絶やさない

教師になってすぐ、私は〝教育の仕組み〟を教え込まれた。それは、都市部で教える白人教師は生徒を恐れなければならず、懲戒方針や厳格な学級運営がなければ、生徒はいつ暴れ出すともわからない存在である、という内容だった（都市部には労働階級が多く、労働階級には非白人が多かった）。新米教師だった私は生徒が怖かったし、学級崩壊するのも怖かった。この恐怖は、いったいどこから来たのだろう？

　私に彼らを怖がるよう直接言ってきた人はいなかったが、遠回しには伝わってきた。教員養成トレーナーも、大学の教授も、「彼ら」――ほとんどは黒人かラテン系の生徒たちを指す――は、厳しい規律でなければコントロールできない、と言った。「教師は自分のルーティンを崩さないこと。計画を立てないのは、失敗する計画を立てているようなもの。サンクスギビングより前に（＝新学期の3か月間は）笑顔を見せるな」。私は、よく考えることも疑問に思うこともせずに、人種差別的なメッセージや考えを吸収してしまっていた。一部の人たちにとって都合のよい、あらゆるステレオタイプが遠回しに詰め込まれた内容を。

　どれくらいかと言うと、当時、国語科の主任から手渡されたとある時代遅れで差別的なカリキュラムに、反対意見を述べようとさえ考えつかなかったほどだ。そのカリキュラムは、教材がすべて白人男性作家の作品（一つだけ白人女性作家の作品もあった）で構成されていた。私は、それが自分の教えなければならない内容なのだとすんなり受け入れた。波風を立てたくなかったからだ。

私は、教師生活の前半では、生徒に意見を求めずに授業で読む本を決める、全員同時に読むよう強制するなど、教師中心の授業をしていて、それが生徒たちにとっての「学校での勉強」と「学び」を二分していることには気づいてもいなかった。**自分でも知らないうちに、自分の子ども時代の読書体験とは真逆のことを生徒にさせていた**のだ。

自分が生徒たちの読書や、読者としてのアイデンティティの形成、自立した学習者であるという感覚を害していることに気がついていなかったのだ。しかもそれだけでなく、教師である自分自身に対しても、バーンアウト要因を助長する余計な仕事を増やしてしまっていた。

まず、夏は毎年、自分が読みたい本を読んでリフレッシュするどころか、次の年度に教える予定の本を何度も繰り返し読んで過ごし、ほとんどの週末は（テストの採点がないときは）授業計画を立てて過ごした。そうやって夏休みさえさらに最悪だったのが、生徒たちではなく、私の興味や情熱に基づき、私が選んだ本だったにもかかわらず、それを生徒たちが気に入らなければ、イライラしたり、落ち込んだりしたことだった。生徒たちは、読みたいからではなく、読まなければいけないから、私が選んだ本を読んでいた。ただ、それはまだましなときで、さらにひどいときはまったく読まなかった。読書に対する情熱が尽きることのない自分のような人間にとっては、生徒たちが心底嫌そうに読む姿を見るのは、胸がつぶれる思いだった。

私は苦しんでいた。そして、もっと重要なことに、私の生徒たちも苦しんでいた。私は、黒人やラテン系の男子生徒が大半を占めるクラスを率いる白人女性教師だった。人種や「教師」という立場の強さを持ちながら、さらに権力や専門知識をほしいままにかざして、**結果として教室での人種差別の構造を強化していた**のだ。

その後、教師として経験を積み、教育の世界をより広く知るようになると、私の教育哲学は変わった。生徒自身の声、選択、主体性を尊重することで生徒をエンパワメントするアプローチなど、狭い世界——自分が勤務する学校——の外にさまざまな教え方や学び方が存在することを知ったからだ。それは例えば、他校を見学したり、大学院教育学研究科で非常勤講師をしたり、よその学校や学区の教師たちと会ったり、APテストの採点者をしたりする経験から得ることができた。

私は、「高い期待」とは、学ぶに値すると誰かが決めた高尚な文学作品を読んだり、テストで高い成績を収めたりすることではなく、生徒が自分たちの学びを自分たちのものにできるようエンパワメントすることなのだと気づいた。そして、私の授業の目的は、生徒たちを一般的な枠に当てはめることではなく、彼らが枠を見つけ、それが自分に合うよう描きなおす方法を教えることなのだと理解するようになった。

経験上、私はわかっていた。中流家庭の白人生徒と、さまざまなルーツをもつ私の生徒たちとでは、学校や教室で置かれる状況が大きく異なること。そうした状況を、教師である自分がすべてどうにかできるわけではないことを。でも同時に、自分が教師としてどうにかできるものは見逃さなかった。まず、トイレのルールから始めた——生徒がトイレに行きたいときに許可をとるシステムをなくした。そして、より重大だったのが、生徒が読む本の決め方、成績や評価の方針、生徒に与える課題を含め、カリキュラムや学習指導を大幅に変えたことだった。**私は、カリキュラムを改良し、学習指導を変えることで生徒をエンパワメントできるよう取り組んだ。**最初は自律学習や校外学習、アーツ・インテグレーション〔音楽や美術など芸術を通して主要科目を学ぶ手法〕、体験学習を実験的に取り入れるために、選択教科の授業を引き受けた。すると自分の指導目標は、生徒たちに恐怖ではなく自由――教室の中と外のどちらにおいても――を与えることなのだと気づいた。

その後、生徒が常に、自分で選んだ本を最低1冊は読んでいる状態にするため、教材となる本を生徒に選ばせたり、読書会や個別読書といった読書指導を取り入れたりして、より生徒中心の方法を試すようになった。たとえば、ある課題で、生徒と学校にいる私以外の教師――学級担任でなくてもよい――とで、リーディング・バディを組ませたことがあった。まず、生徒が個別に読みたい本を選び、それをリストにして同僚たちに配る。参加を希望してくれた教師はリストの中から自分も読んでみたいと思う本を選ぶ。その後、その本を選んだ生徒が準備・主導する、その本に関するディスカッションをする、というものだ。**この課題は、生徒がどんな本を選んだとしても、「高い期待」を満たしているに違いなかった。**

これらの学習指導は、もはや私が、生徒が読むすべての本の専門家にはなれないこと、また、そうなる必要がないことを意味していた。なぜなら、**彼らには、他の生徒や教師という学習パートナーができたからだ。**生徒が自身の学習の責任を多く担うように変えたことで、私はプレッシャーから解放され、生徒に、よりよい読書やディスカッション体験が提供できるようにもなった。

担当の教科や肩書きに関係なく、学校の他の教師を「読書の先生」として教室に招き入れることで、進んで読書をする大人のお手本を見せることもできた。生徒の声や選択を尊重することで、彼らが読書を習慣化し、読者としてのアイデンティティを形成できるようにした。こうした習慣が、この先もずっと、彼らに読書の楽しみをもたらしてくれるだろう。

さらに、生徒が読む本は、推薦図書リストの定番となっているような、多くがすでにこの世にいない白人男性作家による「名著」だけでなく、生徒が世の中を理解するのに役立ちそうな本を選んだ。するとカリキュラム（その本について、「何を」教えるか）を計画する代わりに、学習指導（どうすれば生徒が作品について深く考え、それをディスカッションや文章で効果的に表現できるようになるか）に集中することができた。また生徒には、私なら絶対に選ばない、あるいは存在さえ知らなかった本を含め、読みたい本を自由に選ぶ権限を与えた。

もっとも重要だったのは、私自身の目的──「生徒の好奇心に火をつけ、たくさん

の疑問を持つことができる、楽しく、活気ある、魅力的な、力になる学習体験を提供する」――により合った教え方ができるようになったことだ。本と恋に落ちることほど楽しく素敵なことが、ほかにあるだろうか。自分が読みたい本を読み、自分の学習の責任を担うというのは、生徒をエンパワメントする学習体験になった。私は生徒と一緒に、学習環境を築いていた。つまりカリキュラムや教室は、私と生徒による共同プロジェクトだったのだ。

教師である私が、教室における自らの指導観や学習観、評価観を考え直したことで、生徒中心の公平な学習環境に近づけることができた。そこでは、生徒が自ら読む本や話し合いの方法、到達目標を決める。〝高い期待〟には、大人（教師であれ、学校であれ）が生徒に課すものと、生徒が自分自身に課すものがあること、そしてその違いを、私は理解できるようになっていた。

「抵抗」を捉え直す

２０１３年３月９日、私たちの学校の10年生だった、キマニ・グレイという生徒が、ブルックリンでニューヨーク市警察に殺された。そして４カ月後には、トレイボン・マーティンを殺害したジョージ・ジマーマンが無罪になり〔丸腰のアフリカン・アメリカンの高校生を、ヒスパニック系自警団員が射殺した事件〕、映画『フルートベール駅で』が公開され、世間は２００９年のオスカー・グラント３世殺害事件への激しい怒りを思い出した〔原題“*Fruitvale Station*”。同映画のテーマとなった事件で、黒人男性が警官に射殺された〕。そして翌２０１４年、ニューヨーク市警察はエリック・ガーナーを射殺した。２０１３年の夏から翌年にかけて、警察による黒人への暴力に対する「ブラックライブズマター運動」が行われたが、プラカードやＴシャツにはキマニの名前もあった。

２０１５年に発売された『世界と僕のあいだに』（邦訳、慶應義塾大学出版会）という本の中で、著者のタナハシ・コーツ〔アフリカン・アメリカンの代表的知識人として信頼を集めている一人〕が自身の教育経験について書いた文章を読み、私は驚きで固まってしまった。「教室は、他人の関心が詰まった刑務所だった」とあったのだ。私の生徒も、（私の）教室は、（私を含める）他人の関心が詰まった刑務所のように感じているのだろうか。私が教師を辞めたのは、この頃だった。ニューヨーク中の学校で、教師と管理職のためのコーチになるためだ。

私は、教壇に立つ立場から、教室の中で座っている立場に変わっていた。学校教育に携わるようになって10年で、初めて1日のほとんどを生徒目線で過ごしたが、完全に気が滅入ってしまった。退屈で、居心地が悪く、机に突っ伏している生徒や携帯電話に夢中になっている生徒の気持ちが、ものすごくよく理解できた。私も携帯をいじっていたからだ。居眠りやメールのチェックをしているほうが、ずっと時間の無駄が少ないように思えた。

課題は基本的に、退屈、単純、無意味で不毛だった。過去には、学習指導について肯定的なフィードバックを数え切れないほど受け取り、私から学びたいと言ってくれた同僚がいた。遊びにきた元生徒が「先生のお陰で大学でもうまくやれています」と言ってくれたこともあった。けれども、ここへきて、自分の教師としての腕前について〝知っている〟と思っていたことを、すべて考え直し始めていた。

そして、私自身の授業も同じように生徒の時間の大きな無駄遣いだった可能性が高い——可能性どころか、おそらく確実に——ことに気づいた。確かに、生徒をエンパワメントし、彼らがより自分たちを表現できるようにするという目標をもって、いろいろなことを変えたかもしれない。でも、まったく足りていなかったのだ。

私が観察する教室にいた生徒は、多くが「問題行動」を抱えていたが、しばらく見

ているうちに、彼らの「問題行動」の少なくともいくつかは、不公平さに対する抵抗なのではないかと思い始めた。私が観察していた生徒も、かつて教えていた生徒も、学校にあまた存在するルールや構造のすべてが、マジョリティの特権の表れだと理解していた。例を挙げれば、枚挙に暇がない。服装のルール、校則遵守（生活態度）が成績に反映されること、非人道的なトイレのルールや状態、BIPOCの先人による成果を排除したカリキュラムや教材、不公平な学校施設や教育機会、人種的および社会経済的差別、BIPOCの生徒が大半を占める学校で教職員がほぼ白人になる雇用方法もそうだ。

そういった不公平を、彼らは「理解していた」どころではない。こうした理不尽なシステムの決定者・実施者・裁定者だった大人——かつての私も含む——などよりも、よほど身に染みて実感していたのだ。

私は、多くの生徒にとって、学校とは基本的に力を奪われる場所なのだということを理解するに至った。何を読み、どのくらいの早さで学ぶ必要があり、何を着て、いつ食べ、トイレに行けるかどうかといったことまで、彼らは自分が自分についてコントロールできる範囲はごくわずかであると感じていたのだ。それでも残されていたのが「声」だった。多くの生徒たちにとっては、それが抵抗を示す手段だった。**生徒たちは、私を含め多くの教師が教室に招き入れてしまった、縮小版の「特権」の構図に抵抗していたのだ。**そして、私に対して、より「高い期待」を要求していた。彼らは私の言う通りに高い学業成績を収めてくれたけれど、何を犠牲にしていたのだろう。陰でどれだけ傷ついていたのだろう。そして、もし私が指導に人種平等への理解を取り入れられていたら、どう違っただろう。

これまで、たくさんの素晴らしい教師たちと一緒に仕事をしてきた。彼らは、耐えがたい喪失や苦難に見舞われながらも教え続ける強さを持っていた。治る見込みのない癌と闘っていた同僚や流産を経験した同僚、我が子を亡くした同僚、離婚した同僚もいた。そして、キマニが殺された次の月曜日に学校へ来た、すべての職員。教師がどれほど懸命に働いているかを私は知っているし、彼らのほとんどが最善を尽くしていると信じて疑わない。それでも、コーチに転身したことで、生徒のために、私たち教師はさらに頑張る必要があることがよくわかった。**アメリカの教育システムや自分たち自身の中から白人至上主義を排除する作業に終わりはないし、それは教師や管理職としての仕事とは切り離せない。**いや、それこそが私たちの仕事なのだ。

あなたのターン

あなたの学習指導の現在地を知る

第1章の終わりで明確にしたあなたの目的に立ち戻り、次のレンズを通してもう一度見つめてみよう。

- あなたの学習指導に、あなたの目的はどのような意味をもつだろう？
- もし、学習指導があなたの目的に合っていたなら、生徒はどのような学び方ができるだろう？
- あなたの教室環境で、あなたの目的を叶える重要な要素は何だろう？
- あなたの学習指導で、すでにあなたの目的と合致しているのはどんなところだろう？
- あなたの目的に合った教え方をする上で、これまでどんなことが障害になった？

次にあなたの学習指導を見直し、あなたの情熱と直接関係するところを見つけよう。

- あなたは、生徒の学びをサポートするという教師の仕事の、どんなところが好きなのだろう？　その理由は？
- 生徒の学びは、あなたにどのような刺激をくれるだろう？

自分の学習指導と目的とのつながりが深く理解できるようになると、次は、どうすればそれを再現できるかを考えられるようになる。

指導法が指定されている場合は？

場合によっては、指導法やそれを規定する方針が、教師のコントロールの範疇外であることもある。そしていつの間にか、自分自身がワクワクできない、あるいは、自分の価値観や信念に反する学習環境を作っているのだ。自分がやる気になれない環境で、どうやって教えることができるだろう？　自分の教え方に対する先入観を取っ払い、生徒が本当に必要としていることに意識を向けることで、やる気を見出せないだろうか。このずれを緩和する方法がいくつかある。

- 学校や学区に義務づけられた指導法や方針を使う場合、それらを裏づける研究論文を読み、もっとも興味を引かれたところに蛍光ペンで印をつける。
- 指導法は縛られていても、カリキュラムに融通を利かせられる場合は、あなたと生徒がもっともワクワクする内容に焦点を当てる。
- カリキュラムとあなたの指導法の共通点を見出す。もし学校全体で、毎晩宿題を出すことがルールになっているのなら、あなたと生徒にとってより重要に感じられ、楽しく、取り組みやすい課題にできないだろうか。たとえば、教科書の単元末にある演習問題に取り組ませる代わりに、課題文を読ませて、その中でもっとも重要な内容を新聞の見出しやＳＮＳ投稿、ミーム〔いわゆる画像ネタのこと〕にする宿題はどうだろう?
- あなたが刺激を受けた著者や思想家の図書目録や、共感した名言やアイディアを書き留めるノートを作る。忙しい中でも時間をとってノートにまとめるようにして、刺激や元気をもらえる言葉をじっくりと思い返そう。

- あなたの目的に合うような、そしてあなたと生徒に刺激を与えるような学級目標を作る。そして、全員の席から見ることができる場所に貼って、定期的に言及する（もし、まだなければ）。

本章では、メレディスの「言い訳せず、努力する」の例を扱った。ここで、レベッカの実例をいくつか紹介しよう。

- 「あなたが意識を向けたところが成長する」
- 「狂気とは、何度も同じことを繰り返しながら、違う結果を望むことである」
- 「自分ほどの苦しみや胸の痛みを感じたことがある人は、いまだかつて存在したはずがないと思っても、本の中にはいるものだ」

- あなたと生徒が、有意義に感じられ、自分のものだと思える学習環境にするチャンスを探し続ける。
- 自分のコントロールの範疇にあるものに着目する。指導法や方針は変えられないとして、じゃあ、何なら変えられる?

- 付録にある『学校の方針を自分の目的とつなげる』というワークシートを使って、どうすれば学校の方針を確実に、誠実に、一貫して実行できるか考えてみよう。(このワークシートは、学校全体の方針と学校の目的をつなげるのにも役立つはずだ)

生徒の話を聞く

生徒の言うことに耳を傾ければ、彼らが何を必要としているかがきっとわかるだろう。匿名の紙またはデジタルのアンケートや対話集会、フォーカス・グループ〈少人数グループでの話し合いのこと〉を通して、自分のクラスについて、生徒から定期的にフィードバックをもらおう。レベッカが実際に使ったフィードバック・アンケートが、『生徒用フィードバック・アンケートの例』として付録にあるので、参考にしよう。

アンケートには、学年に応じて、次のような内容の質問を含めるといいだろう。

- あなたにとって、このクラスのいいところは？
- このクラスで、変えてほしいところは？
- 今年度に入ってから、このクラスで一番ワクワクしたことは？
- このクラスで、もっとやりたい、あるいは、あまりやりたくないことは？
- このクラスで、生徒の意見が反映されているところはある？　それは例えばどんなことについて？
- クラスまたは学校の目標のせいで、言いづらかったことは何かある？　それはどんなこと？
- 魔法の杖を使えたとしたら、自分の学習体験のどこを変えたい？

生徒のフィードバックを確認したら、それに対する自分の反応をどう伝えるか考えよう。生徒が時間をかけ、勇気を持ってフィードバックを共有してくれたのだから、教師は必ず反応すべきだ。

1. まずは、全体を読んで気づいた傾向や驚いた内容に注目しながら、肯定的なフィードバックに印をつける。
2. 建設的な批判については感謝を伝える。そして、そのフィードバックを受けて、直ちに、あるいは将来的に変えようと考えたことがあれば、説明する。
3. 生徒からの提案または要望で、実現するつもりがないものがあったら、それを理由とともに伝える。彼らのフィードバックを無下にしたのではなく、そう決めたのには別の要因があることがわかれば、あなたが彼らのフィードバックについて心を配って検討したこと、そして彼らの意見を価値あるものとして見ていることが伝わる。
4. 最後に、次にいつフィードバックを求めるかを周知し、今後もこういう機会があること、あなたが彼らのフィードバックを聞けるのを楽しみにしていること、さらに、彼らに一緒に学習体験を作り上げるパートナーになってもらいたいことが伝わるようにしよう。

あなたの睡眠の質はどう？

レベッカが教室に貼っていた名言の一つは、ヨガのスタジオで出会ったそうだ。「あなたが注意を向けたところが成長する」。これには二つの意味がある。もちろん、大切に育てている望ましいものも成長するが、執着してしまっている望ましくないものも増殖し、悪化するという。次のことについて、考えてみてもらいたい。

- 夜も眠れないほど執着している方針や慣習や人がある（いる）？
- 自分の宿題の方針や成績評価に関する不満が大きくなっている？
- 学級運営で困っていることに関する悪夢を見る？
- ものすごく頑張っているのに、必ずしも望むような結果が出ていないものがある？　それはどんなこと？
- あなたはどんなことに注意を向けている？　あなたが注意を向けていることで、

その問題はどんなふうに変化した？
- 何も変えずに、注意を向ける先だけ変えたら、何が起こるだろう？
- 他に、どこに注意を向けるべき？
- あなたの教え方のどこをどう変えたら、あなたは教師を長く続けられ、生徒にとってもいい効果があるだろう？

これらの質問は、あなたのバーンアウトの原因を探り、それらに対するあなたの精神的・感情的な反応を見直すヒントになるはずだ。まだ、実際に取れるアクションがなかったとしても。

学習指導と学級運営をつなげる

教師になって最初の数年は、多くの教師が学級運営のことで頭の中がいっぱいだろう。どうすれば生徒が集中し続けてくれる？　どうすれば、生徒がきちんと授業や話を聞いてくれる？　一つだけ、すべての教師が覚えておくべきなのが、学級運営は学習指導と両輪である、ということだ。効果的な指導こそが最高の学級運営であることを教師が完全に受け入れられたときが、その教師にとっての真のターニングポイントになるだろう。**学級運営に悩んでいる場合、もっとも重要なのは、学習指導に集中すること**だ。なぜ生徒が思うようにカリキュラムを理解したり、取り組んだりできないのかを見極めるために、力になってくれそうなメンターやコーチ、同僚を探そう。明確な因果関係もわからずに取り入れた〝対策〟が、長期的な成果を生む可能性は低い。

同時に、報酬ベースの学級経営を採用したことで、生徒たちによい効果があったという教師たちもいる（アメリカでは、よいことをしたら報酬が増え、悪いことをすると報酬が減るという生活指導がポピュラー）。報酬システムを効果的に運用するためのヒントを、いくつか紹介しよう。

- 報酬システムを取り入れる前に、生徒と話し合い、ルールをしっかりと理解させる。
- 生徒の成功を記録するときは、教師の時間的負担が大きくなりすぎないよう、単純な方法をとる。

- 教師が減らしたいと思っている行動は何かを明確にし、生徒にもきちんと伝え、話し合っておく。
- 生徒が報酬を得たら、そのあとにネガティブなやり取りがあった場合でも、一度与えた報酬を取り上げてはいけない。生徒は報酬を得るためにポジティブな行動を起こしたのだから、それを奪ってはならない。
- 取り入れた報酬システムは、やめたり大きな変更を加えたりする前に、少なくとも2週間は試すこと。微調整は必要かもしれないが、諦めずにやり続けることで、あなたが一貫した、信頼できる大人であると生徒に示すことにもなる。

付録にある『学級運営をデザインするためのリフレクション・ツール』を使い、教室でのルールやルーティンの計画や分析をさらに進めよう。このワークシートは、クラスの環境づくりに取り組む新米教師はもちろん、中堅以上の教師にとっても役に立つ。1年に一度、自分の教室環境を振り返り、すでにうまくいっているところと、もっと生徒たちのためになりそうなことを見つけよう。さらに、学級運営の方針が似ている教師同士で、一緒に取り組むこともできる。

まだ教え方を学んでいる場合は？

そもそも、私たちは全員、教え方を学んでいる途中だ！　教育は研究に基づく分野で、常に新しい事実が発見されている。私たちは、生徒にとってベストな教え方について最新情報への理解を深め続け、常に成長している。教え、学ぶ仕事に就いている私たちは、文字通り、その教室、学校、そして学区における先導《Lead》的な学習者《Learner》なのだ。

ただし、あなたが教師1年目の場合は、今こそが、あなた自身の教育哲学や学習指導を確立させるときだ。自分の目的について振り返ることで、指導方法が自分のwhyに合わせて洗練されていることを確認できる。将来、自らの軸や信念が揺らぐことでバーンアウトしてしまうのを、未然に防ぐことにもつながるだろう。学習者のマインドセットを持ち続けることについては、第5章でも詳しく触れている。

管理職のターン

明確な体制と期待が全員を助ける

学校管理職の重要な役割の一つが、学校のビジョンを支えるシステムおよび体制を整えることだ。学校全体の方針が明確であることで、教師たちは学習指導に集中できる。管理職が学校の方針の策定や実施の責任を引き受ければ引き受けるほど、その効果は大きくなる。また、教師がすすんで方針に従い、生徒がどの大人からも同じメッセージを受け取ることができるよう、この策定や実施は共同作業でなければならない。生徒の生活態度や宿題、課題の期限超過、学習評価など、あらゆることに関する方針が明確になっていれば、**学校中の教師が一貫した態度をとることができる。**

さらに、これらのシステムや体制を整える際に管理職がしなければならないのが、**すべての利害関係者が意思決定プロセスにおいて意見を言い合える議論の場を用意すること**だ。また、新しい教師を採用する際は、面接の段階でこれらの方針やその学校が教師に期待することを伝え、採用候補者がきちんと理解できるように努めることも欠かせない。教師たちは、働く手順や体制を整えるという負担がなければ、彼らにとってもっとも重要なこと——学習指導とカリキュラム——に集中できる。学校の方針を策定するにあたり、考えるべき質問をいくつか紹介しよう。

生徒の行動への期待

- 生徒に期待する行動とは、どんなものだろう？ 「問題行動」とは、どんな行動なのだろう？
- 教師は、生徒の問題行動にどう対処すべきだろう？ どのようなときに、生徒を一度教室から離れさせるべきだろう？
- 教室を出された生徒は、どこへ行けばよいのだろう？
- 教室を出て行くよう指示した生徒に対して、どのようなフォローが必要だろう？
- 生徒の問題行動に困ったら、誰に相談すればよいのだろう？
- 生徒が問題行動を起こしたとき、誰が生徒の家族に連絡すべきだろう？

宿題に関する方針

- 宿題の目的は何だろう？
- 毎晩、生徒が宿題にかけるべき時間は最長でどのくらいだろう？
- 生徒に対する期待の程度は、学年に見合っているだろうか？
- その宿題に必要な情報またはそれに対するアクセスは、宿題を出す前にきちんと用意されている？
- 成績評価における宿題の占める比重はどのくらい？

期限を超過して提出された課題に関する方針

- 課題の提出が遅れたら、減点する？　そもそも遅れて提出された課題を受け取る？
- 成績付けの期間など、課題の期限超過厳禁の期間はある？
- 課題の提出が遅くなったところで、生徒が学んでいることに変わりはない。その場合、課題を遅れて提出してよいとすることの弊害は何だろう？

成績評価に関する方針

- あなたの学校において、成績をつける目的は？
- 生徒は、努力や知識・技能の習得の度合い、あるいはその他の指標によって成績をつけられている？
- 成績における、宿題やその他の授業時間外に取り組む課題の占める比重は？
- 自治体の学力調査テストの結果は、学校での成績に含まれている？

フィードバックは必要不可欠

管理職は、学校のシステムおよび体制が、生徒や教師にとってオープンに議論できる環境となっているか確認する手順が必要だ。教師には、自分が教師の本業——生徒の目標達成や学びのサポート——と直接関係のないことに時間をとられ過ぎている場合に、それを管理職に訴える権利がある。次に、いくつかできることを紹介しよう。

- チームのミーティングの最後に、リフレクションのルーティンを取り入れる。ミーティングから何を得た？ このミーティングで一番重要だったのは？ 目標を達成するためにしなければならないことは？ これらの質問に対する答えを記録し、次のミーティングの最初に触れる。

- 学校に大きな影響を与える方針やその実施手順についてオープンに話し合うために、教師が生徒とともに参加する委員会を設置するのもお勧めだ。教師は、それぞれの学年や校務分掌のリーダーが参加する。そして、最低でも月に一度は集まり、それぞれのリーダーが方針や手順について明確に理解できるようにする。委員会のメンバーが安心して参加できることが重要で、学校に関する決定について、自分の意見や案に価値があると感じられるようにする必要がある。

- すべての利害関係者が匿名でフィードバックを送れる仕組みも必要だ。事務室に意見箱と記入用紙を設置するのでもいいし、毎月アンケートを送付するのもいいだろう。

出典

1. 『世界と僕のあいだに』タナハシ・コーツ著、池田年穂訳、慶應義塾大学出版会、２０１７年
2. Quoted in Howard, J. (1963). *Doom and glory of knowing who you are*. Life Magazine (24 May), p. 89. https://books.google.com/books?id=mEkEAAAAMBAJ&lpg=PA89&vq=unprecedented&pg=PA88#v=onepage&q&f=false (accessed 25 November 2022).

Chapter 5

Being the Lead Learner

先導的《Lead》な学習者《Learner》になる

「自分自身も学習者の先生は、生徒が安心して自分を表現できる場所を作ってくれたり、ものの見方や取り組み方が違う生徒をシャットダウンするのではなく、自分とは違う見方や取り組み方を理解するために質問をしてくれたりします」
――2010年卒、マーサ

教師にとって一番重要な仕事は、教室の中の先導的《Lead》な学習者《Learner》になることだと私たちは考えている。教師が自らの学びについて話題にするのは、研修についてがほとんどだろう。ところが、研修はその実態が地域によって異なるだけでなく、そうした研修に参加する機会すらない教師もいる。そのためここでは、研修に限らず、より広い意味での「教師の学習」について触れようと思う。この章では、さまざまな人や体験から得た学びを通して、どのように私たちが自分の目的を強化してきたかを説明する。それは例えばメンターや旅行、研修などだ。

　では、教師が自身の学習に意欲的であることと、バーンアウトに取り組むことには、どのような関係があるというのだろう？

　バーンアウトに伴うことが多い「閉塞感」への対抗手段の一つとして、「**好奇心の炎**」がある。自分のwhyに興味を持ち、問いを投げかけ、答えを探し続けることで、目的を掘り起こし、育み、強化できる。また、率先して先導的な学習者となることで、自分が目指す教育者の姿が見えてくるはずだ。目的に合った生き方や働き方をするためにも、自分の目的に興味を持ち続けよう。

　さらに、夏休み中の教師の学習——とくに、バーンアウトしているときの——についても見ていきたい。ヨガや瞑想、その他の趣味と同じように、夏休みは束の間の休息にはなり得ても、すべてをひとりでに解決してくれるものではない。**つまり、バーンアウトの原因となっている状況から一時的に離れられたところで、すべてが改善されるわけではない**のだ。

教師にとっての夏休みとは、ものすごい疲労とストレスを伴うことも多い仕事からの、束の間の休息である。反面、学びを率いる学習者としてのマインドで、すでに夢中になっていることについて、さらに深堀りするための自習学習に取り組み、自分の目的とより深くつながるチャンスでもある。とはいえ、夏だけが学習のタイミングではない。1年のうちいつでも、まずは自分自身も学習者であると自覚することで、日々、自分がデザインし、提供している学習体験とつながり続けることができる。

2006年夏、私たち2人はカリフォルニアとハワイへ行った。最初の1週間は、ロサンゼルス周辺で1日がかりの教員研修に参加した。教育専門家による読み物や模擬授業、共同授業計画、参加者間でのフィードバックや試験採点の練習を通しての、昔ながらの研修といった感じだった。私たちは机に座り、ノートを取り、学んだ内容をどう応用すべきかといったことについて、熱心に話し合った。

そして翌週は、マウイ島に向かった（普段はニューヨークに住む私たちにとって、ハワイとの中間地点であるロサンゼルスまで行っておいて足を伸ばさずにいられなかったのだ）。ハワイへ行ったのは完全なる旅行としてではあったのだが、だからといって学ぶことまで休んだわけではなかった。私たちの教師脳が完全に停止することはなく、もちろん熱帯雨林の中をトレッキングしたり、サーフィンのレッスンで最高齢の受講生となったりしているあいだも、日の出を見るために火山の頂上に登り、その後地上まで一気に自転車で下りるあいだも、私たちは常に学び続けていた。旅行は、休養にも充実した経験にもなる。夏の休暇とはすべての教師にとってそうあるべきだし、そうなるように段取ることもできるはずだ。たとえハワイまで行かなくても。

この章のリフレクション

メレディスのターン

生徒、そして管理職として直面した困難から学んだこと。現場教師だった頃、レベッカと一緒に一年間の校内研修を行ったときの話。

レベッカのターン

サマースクールの講師を務めながら、夏休みを利用してさまざまな研修に自主的に参加したときの話。

この章のポイント

・先導的《Lead》な学習者《Learner》になることがもつ意味（とくに、あなたの目的にとって）。
・何が学びになるかわからないので、広い視野で研修を捉える方法。
・学習者として、自分は自分のコントロール範囲内で起こる変化に影響を与えることができるという感覚。

学習者として努力した経験

私は、学習者でいるには努力が必要なタイプで、勉強が得意ではなかった。生徒だった頃は、学年相応に読み書きできるようになるのに苦労した。いつも周りから遅れていて、高校を卒業してもなお十分ではなかった。

大学に入学したときも、自分には素晴らしい文章を書けないこと、何か読んだとしても、他の学生ほどには意味を深く読み取れないことはわかっていた。さらに、よい教師になるには、学習に関するこれらの問題を解決し、自信を持てるようになる必要があることもわかっていた。そこで大学1年生のあいだ、ライティングの特別クラスを受講することにした。このクラスには、実習も含まれていた。アカデミック・アドバイザー〔学生の学業上の相談に乗ってくれる大学職員〕との面談で、たとえ実習で単位がつかなくても、自分には絶対に必要な助けとなるクラスだから、真剣にやるから取らせてほしい、と言ったのを覚えている。実際に、このクラスはおおいに役立ち、また、ライティング・センター

〔補助指導を行うチューターによって書き方を指導してもらえる場所（図書館の学習室などが多い）〕の素晴らしさも知ることができた。

同じく1年生のとき、アフリカ系アメリカ文学を中心とした文学セミナーも受講した。教授であるディオフ先生が担当で、20人以下の少人数クラスでのセミナー形式だった。あらかじめ家で読んできた作品について、さまざまなテーマでディスカッションを行うという内容だった。このなかで、トニ・モリスンの『ビラヴド』（邦訳、集英社）を読んでいたとき、なかなかストーリーを理解できず苦戦を強いられた。他にも、前の週に読んだ作品の内容を完全には理解できておらず、他の学生の深い分析を聞くにつけ、彼らの知識とそれを表現できる能力を羨ましいと感じたことが何度もあった。そのためクラスでは、いつもなるべく静かにノートを取って過ごし、寮に戻ってから、その日の授業でやったところを何度も読み返したのを覚えている。それでも、他の学生たちと同じように作品の意味を理解できたことは一度もなかった。

そんなある日、ディオフ教授が、作品の意味についてディスカッションをするのではなく文章に書いてもらいたい、と言ったのだ。必要に応じて作品を読み返すのは構わないが、ノートを使ってはいけないという。私は『ビラヴド』とルーズリーフを取り出すと、まるで理解できない言語を前にしたかのような気になり、その瞬間、机の上の紙を見て泣き出してしまった。そしてディオフ教授に教室の外へと連れ出された私は、使っていた注釈付きの本を見せ、作品の内容を理解するべく自分なりに努力をしていること、それでも内容や他の学生が堂々と発表していた解釈を完全には理解できないことを説明した。さらに、決められた時間内に書かなければならないというプレッシャーから、一体どうすればよいかわからなくなった、とも伝えた。

　すると教授は、心配しなくてもいずれ意味はわかるようになること、そして、とにかく自分が思ったことを書いてみるよう言った。教授が私を信頼し、正解せよというプレッシャーをかけずに、私自身の解釈でよいと言ってくれたことで、私は少なくとも教室の中へ戻り、書く気になれた。そのとき提出したものがどう評価されたかは覚えていないが、少し自信を取り戻せたこと、そして、ディオフ教授のように一人一人の生徒に刺激を与え、信じることを自分の仕事にしようと思ったことは覚えている。

　その後大学4年生で私は再びディオフ教授のクラスを受講したが、今度は40〜50人の講義形式の授業だった。このアフリカ史のクラスでは、最後にアフリカの特定の地域における現代の問題を取り上げ、分析し、考えられる解決策についてのプレゼンテーションをしなければならず、私は、グローバル・ギャグ・ルール〔メキシコシティ政策とも呼ばれる、米国外で米国による資金援助を受けている非政府組織に人工中絶を禁止させる内容となっている）がケニアの女性たちの与える影響を取り上げた。プレゼンテーション後、よほど教授のところへ行き、自分が4年前に彼のクラスで泣いた生徒であることを伝えようかと思ったが、覚えているはずがないと思い、行かなかった。ところが授業が終わる頃、教授は話があるとして私を含む3人の学生たちを残した。そして私と話す番になると、これまで聞いてきた中で一番よくできたプレゼンテーションだったこと、私の作った資料を読むのが楽しみであること、さらに、私を覚えていたといい、成長を褒めてくれたのだ。教授が私と話す時間を作ってくれたことも、成長を称えてくれたことも、ものすごく光栄で嬉しく感じた。

私が教育という道を進む中で生徒や教師にしたいのは、こういうことだ。**自分が教える生徒や一緒に働く仲間たちをサポートし、彼らが目標に向かって努力していることに気づいたときはそれを本人に伝える。**私は、ディオフ教授のクラスを受講し終えたとき、力を与えられたように感じたとともに、学び、成長する努力を続けることで、自分の学習に関する悩みが解決に一歩近づけたようにも感じていた。

さらに一つ、私の学習者としての成長に欠かせなかったのが、大学のディベート部だ。高校生の頃は、授業で発言しなければならない場面では極度に緊張し、クラスの前で音読するともなれば恐怖しかなかった。先生がページを開き、「ポップコーン読み」をすると言ったときに全身を駆け巡る感覚は、一生忘れないだろう。1人の生徒が好きなところまで読み、次の生徒を指名するという音読の種類の一つで、そうなると私は心臓が激しく鳴り、完全にシャットダウンしてしまうのだった。万が一に備え、少し先を読もうとするものの緊張で固まってしまい、この事態を乗り切ることで頭がいっぱいになり、何もわからなくなってしまう。そして実際に自分が当てられると、心の中でパニック発作を起こし、いくつかのクラスでは、私が当てられると少ししか読まないとわかっている友人たちが、私の名前が呼ばれた途端にいつ自分の番になってもいいように、すぐさま読み始めるということもあった。

そして大学で教育学の講義を受け始めると、いずれ自分も教師として生徒に読み聞かせなければならないのだから、教室で発言や音読ができるようもっと成長しなければならないと気づいた。大学のディベート部に入ることを決めたのは、この頃だ。私が学習者として真の成長を遂げるために下した、もっとも大きな決断の一つだった。ディベート部では、素晴らしい仲間とコーチのお陰で、人前で読んだり話したりする機会をもらい、深い理解力を身につけ、自信を育むことができた。ディベートのよいところは、私が自論を読み上げているとき、他の人たちは速読しているので、読み間違えても自分しか気づかないことだった。その上、自分の意見を言えるようになり、情熱があれば人前でも話せるのだと学んだ。そしてこれらのスキルは、教壇に立ったときも役立った。

このような経験を通して、私は、学習すること、成長することに対して常にオープンでいることの重要性を学んだ。私たち教師は、生徒のために努力し続けなければならない。そして生徒には、学習がもつ力や目標を諦めないことの大切さを知ってほしいとも思っている。私たちは、若い学習者たちが自分らしくいられるようエンパワメントし、彼らが必要とするサポートを与える必要がある。

校内研修をつくる

2012年度、レベッカと私は主任教諭になったことで、校内研修を実施する責務が追加された。このときの経験によって、学校全体がコミュニティとして教員研修をどのように利用できるか、またそこからどのように成長し、学ぶことができるかについて、私の考えを変えることになった。

この時点で、すでに私たちは一緒にいくつもの研修を受けてきており、自分たちの学校に何が必要かをよく把握していた。二人で時間をかけ、教師たちが充実した時間だったと思え、自分たちのクラスに取り入れられそうな戦略を持ち帰ることができ、同僚たちと学校全体としての指導の焦点について話し合い、それを自分たちが教えている内容に直接適用できるようなセッションを作り上げた。

そして全教師にとって生産的な時間となるよう、行ったことがいくつかある。まず、今回の研修の焦点は何か、そして参考になりそうな資料があれば持ってきてほしいことを事前にメールで伝えた。さらに、参加した教師がすぐにでも――翌日か、あるいは学習目標に合うと感じるなりすぐに――授業で使えそうな指導法を、毎回、実演して一緒に練習した。そして研修後は必ずフィードバックをもらい、次の回に生かすよう心がけた。

なかでも、私たちが行った研修でもっとも効果的だったのが、**生徒を招いて、指導**

法を実践するというものだ。教師は、生徒にピンポイントでフィードバックをもらうことができ、どうすればその指導法を自分の授業に生かせるかがわかった。さらに、私たちは研修内容を組み立てる際、それぞれの教師に、学期や年度の終わりまでにどうなっていてほしいかを考慮した上で、そこから逆算して組み立てた。

そのようにして校内研修のリーダーを務める中で、自分の考えを後押ししてくれるソートパートナー〔共に新しいアイディアや解決策を考えるパートナー〕の重要性に気づくこともでき、そのお陰で、よりよい教師になれたと思っている。レベッカと私の教え方はまったく違ったが、他の教師を先導するとなると、互いに協力して真の学習コミュニティを作り上げることができた。この経験は、私の教師生活の最後の2年を支える糧となり、現在のリーダーとしての自分になる刺激にもなった。

校長として最初に学んだこと

校長に就任してすぐ、決して忘れることのできない職員会議があった。その学校にはすでに現場教師および副校長として合わせて13年間在籍していたものの、校長としては1年目だった。それは、新年度が始まって初めて全職員が揃った会議だった。その中で、学校の規則に関して、被り物の話題が出た。私は、生徒が授業に集中しているとわかるよう、目や耳が見えることは重要だと思っている。そのため、授業中にフードを被るのは禁止されていたのだが、徹底されているとは言い難かった。

そこで私は、その年に初めて、帽子はよいが、フード付きの服やヘッドラップ（とくに黒人女性が身につけることが多い、布を頭に巻くタイプの被り物）は避けるように、とくにドゥーラグ（もとは黒人女性が髪を保護する目的で巻いていたもので、今は男女問わずファッションの一部として取り入れられている頭にぴったりと巻くタイプの被り物）は禁止にしようと提案した。私は、それが物議を醸すことになるとは思っていなかった。つまり「白人の校長」が、「多様な人種の」職員の前に立ち、「生徒に帽子は許すにしてもフード付きの服や頭に巻くものは禁止にしよう」と言うことの文化的な意味合いについて、何も考えていなかったのだ。

すると職員たちから、鋭い質問とともに、「文化の差異を考慮していないだけでなく、男子生徒たちにとって公平なルールではない」という意見が噴出した。女子生徒にヘッドラップが許されるなら、男子生徒のドゥーラグも許可するべきだという。ヘッドラップがどれほど大切なものなのかを、ものすごく感情的に訴えてきた職員もいた。

宗教的な理由だけでなく、スタイルや文化、自分たちのアイデンティティでもあるのだ、と。私は何も言わず、ただ彼らの話を聞いた。そして会議の終わりに、「明日から新年度です。ここで得たすべての情報を取り入れた規則を、今夜中に皆宛てにメールで送るので、それを明日から運用しましょう」と伝えた。

私には、生徒や同僚のアイデンティティを奪う意図はなかった。しかし、**自分の考えた規則が与える影響を考えていなかったせいで、結果的にそうなってしまっていた**ことに、かなりうろたえていた。そのような状況では、私の意図などどうでもよく、与える影響こそが問題なのだった。私には、学校の規則が持つ文化的な意味合いに関する知識が不足していた。彼らの声を振り返り、彼らの声に応え、リーダーとして立ち上がるための時間が必要だった。その日の夜、実際に私が送ったメールは次の通りだ。

こんばんは。

まず、今日の職員会議で正直な気持ちと情熱をぶつけてくれて、ありがとう。

全員で協力し合うことで、今年はきっと変革の1年となるでしょう。

私は、我が校の生徒たちが成功し、私たち職員が学校全体としての目標を達成する上でもっとも重要な規則について、考えてきました。被り物に関する規則に賛否両論があることは明らかです。我が校が目指すのは、生徒たちが授業に集中して取り組める場所であることです。私は、「帽子やフード付きの服、ヘッドフォン」は、生徒の気が散る原因となり、彼らが授業に完全に集中するのに支障をきたすものだと考えています。ただし、ニューヨーク州教育長規則を改めて見直したところ、ドゥーラグやヘッドラップは、そもそも教育環境を損なうものではないとありました。我が校の目標に忠実であるためにも、私が提案したあの規則は変更する必要があると感じました。

つまり明確にすると、「ヘッドフォン、帽子、フード付きの服」は、授業中の着用を禁止します。

生徒たちに伝える際は、この規則の背景を強調してください。つまり、クラスで行うディスカッションや課題に積極的かつ生産的に取り組むには、それぞれの顔がよく見え、聞こえる必要があることを。

学校が一番よい状態で機能するのは、教師一人一人が教育集団としての使命——生徒たちが成長し、学ぶことができる、自信を与え、支えとなる環境を提供すること——を心に留めているときです。午後の職員会議で、私たちがこの使命を心から大切に思っていることが、はっきりとわかりました。この被り物に関する規則は、私たちの信念を生徒の中に反映してくれると信じています。これまでと同様に、何かあったときは、いつでも私のところへ来てください。みなさんが引き続き、我が校をよりよくするための情熱を持ち続けてくれることに感謝しています。

私がよりよい人間、そしてリーダーになる努力を続けられるのは、その数年間で築いた生徒や同僚たちとの関係があるからだ。私は今後も、私とBIPOCの生徒とのあいだに明確な機会の格差を生んだ壁を壊す作業に取り組む。目に見えない格差を日の目にさらし、認識し、学校にいる白人とBIPOCの人々とが対話していけるよう促していく責任がある。**教育者として、私たちはこの問題を認め、対話から逃げてはいけ**

ないし、たとえ居心地が悪くとも、それを明日に生かしていかなくてはならない。

私たちは、これからも教え、声を上げ、アメリカの教育システムの土台にある白人至上主義の構造を永続させるシステムを壊すべく主張し続ける。そして、すべての生徒が公平なシステムの中で教育を受けられるようにしなければならない。

レベッカのターン

自分に合った、目的のある研修を

私の目的は、すべての学習者に楽しく、活気ある、魅力的な、力になる学習体験を提供する、という信念に基づいている。すでに書いたように、この信念は、子どもの頃に「学校での勉強」と「学び」がずれていた私自身の経験と、すべての若者にとって、学校とは大人が学び方を指示するだけでなく、自分が学びたいことを学びたい方法で学べる場所であるべきだという確信から生まれた。

当然ながら、教師としてのキャリアを通して、私は自分が教師である前に学習者であると考え、常に探究や実験の機会を伺ってきた。そのようにして現在進行形で夢中で学び続けていることが、自分をよりよい教師にしてくれたのだと思っている。また、常に新しい学び方を探しているため、「終わり」もない。私にとっての学ぶこととは、それが学期中や放課後、夏のあいだなどのいつであれ、自分にとって楽しく、活気ある、魅力的な、力になる学習体験を取り入れること、つまり一年中ずっと楽しめる趣味なのだ。

教師1年目から、私は、さまざまな研究助成金や奨学金に申し込み、学んだ内容を生徒に持ち帰った。どんな場所でも私には世界中が教室に見えたし、生徒たちにも同じように感じてほしいと思っていた。例えばイギリスにあるシェイクスピアの故郷でシェイクスピア研究者と共に学んでいるときでも。祖父母が1983年にソビエト連邦時代のハンガリーを旅して回った順路を辿る旅をしていても。ブロンクスで教師志望の学生に研修をしていても。調理学校のインターンシップとしてビーガン・レストランで働いていても。

このような、とくに夏休み中（だけではないが）の体験は、教師になってすぐの頃からずっと、私が教えることにワクワクし、夢中で学び、よりよい学習体験を提供しようと研鑽し続けるための原動力になっている。教師1年目を終えた夏はまだ大学院にいたため、本格的な夏休み気分を味わうには翌年まで待たなければならなかった。その代わりにその年は、同じ大学院に所属していた友人に刺激され、彼女が参加したという、全米人文学基金の教師向け夏季セミナー（当時の名称）に参加することにした。全米から集まった15人の教師チームのメンバーとして、まずは3週間、デラウェア大学でシェイクスピア研究者たちに学び、次にシェイクスピアの出生地であるストラットフォード＝アポン＝エイヴォンに2週間滞在した。ストラットフォードでは史跡を訪れたり、ロイヤル・シェイクスピア・カンパニーのショーを毎晩観たりした。あれほど自由度が高い、そこでしかできない、夢中にさせられた研修は初めてだった。

それからと言うもの、夏休みを利用して、魅力を感じる人や場所から学ぶことのとりこになった。するとある日、1983年に祖父母が自分たちのルーツを辿り、遠い親戚とつながるべく、ハンガリーとオーストリア、イタリアを車で旅して回ったときの記録を母が見つけた。私は、それを使って彼らの旅の行程と行った先々を記した地図を作成した。そして2年後の夏、母と私は、実際に祖父母の足跡を辿ってみることにした。まずはブタペストで落ち合い、車でハンガリー中を回り、祖父母が訪れたすべての場所を訪れ、可能な場合は同じホテルに宿泊することまでした。そして再びブタペストに戻り、母が飛行機でマイアミに帰ったあとも、私は引き続き祖父母が25年前にそうしたように、船でドナウ川を下って（おそらく、メレディスが最初の授業で生徒に紹介した例の橋をくぐって）ブラチスラヴァからウィーンまで行き、さらに数週間かけて、今度は電車でオーストラリアを抜け、イタリアのローマまでたどり着いた。

今の仕事ではもう夏休みはないが、それでも可能な限り学ぶための旅をしては、休暇を歴史と文化を学ぶツアーに費やしている。ある年は、ジョージア州とアラバマ州まで車で行き、公民権運動に関連がある場所を訪ねて回った。アフリカ系アメリカ人とその他の人種の活動家たちが、差別に対する抗議運動を行った地であり、そこにある歴史と本当にそこにいた人たちの不屈の精神を感じられ、力をもらえた。そのようにして実際に史跡——アメリカの南部だけでなく、どこへでも——を訪れることで、本や学校だけではわからない、歴史や文化への理解を深められた。

サマースクール

これまで、自分の時間でさまざまな教室に参加してきたが、よくある教員研修より、学校教育とはまったく関係のないもののほうが、より教育について学べたように思う。たとえば、私は子どもの頃から料理やお菓子づくりが大好きなのだが、ある夏に受講したケーキのデコレーション教室で、まさに教師として最大の教訓を得た。アイシングで花を絞るのに苦戦し、パティシエの先生に助けを求めた際、次のようなやり取りがあった。私が、「また最初のところをやって見せてもらえますか？」と聞くと、講師は「そんなの難しくないよ」と軽く返し、片手でアイシングをカールさせるお手本を見せつつ、いとも簡単そうに、もう一方の手でバラの花を絞って見せてくれたのだ。そのとき、私はお腹を殴られたような気がした。**「痛い」**と思った。私にとっては、難しいのに。そして次の瞬間、さらに強烈なジャブを食らった。**私は、すでに何度も生徒を同じような気持ちにさせていたのだ。**「いい？　こんなの簡単だからね」「もう少し早くやろう」「もう知っているよね」というようなことを、何度言ったかわからない。何人の生徒が、「**痛い。**自分にとっては難しいのに」と思っただろう。ケーキのデコレーションを学ぶために受講した教室だったが、終わった頃には、学校の授業についていけない生徒の気持ちがより理解できるようになっていて、その週に作ったどのマジパンより長持ちする「手土産」となった。

私にとって、もっとも有効な夏休みの過ごし方は、学習者としてのアイデンティティを取り戻すことだった。そのため、教師だった頃は、サマースクールで教えるなど、夏の期間の仕事はしていなかった〔アメリカでは、年度末に当たる夏の長期休暇などに教師の副業が認められている〕。もちろん、多くの教師がそうできるほど恵まれてはいないこと、つまり、すべての教師が夏に臨時収入を得るチャンスをふいにできるわけではないことは理解している。たまに、私も夏休みに働くことはあったが、その場合は、お金だけではなく学びにもなるもので、さらに、学年度の終わり頃〔アメリカは夏が年度末〕になると切実に欲しくなる心の休息にもなるものを選ぶようにしていた。

あるいは、まれにサマースクールで教えるときは、毎日、半日はニューヨークが舞台の作品を扱う国語の授業にし、もう半日は、生徒を校外学習へ連れだせるよう交渉した。その結果、学期中にはなかなかできない、体験を通して作品やテーマについて教える、という実験ができた。夏休み後の新年度が近づくにつれ、私は疲れ果てるどころか、元気になっていた。新しいクラスに体験学習を取り入れる楽しみと、従来の枠組みにとらわれないカリキュラムを試行錯誤する時間がこの夏に持てた喜びに満ちていた。

ただし、サマースクールでの仕事は、それ以外に比べると充足感は少なかった。そのため、夏に臨時収入を得る必要があるときは、別の方法を探した。たとえば、私自身も教師になってすぐの頃に受講した、ニューヨークシティ・ティーチング・フェローズという教職資格特別プログラム（本来は大学院を出なければ教師になれないアメリカにおいて、学士取得者が教職に就きながら正式な教員免許の資格要件を満たそうとするプログラム）の仕事では、毎日、午前中は担当する20人以上の教師志望の学生を訪ねてブロンクス中を回った。午後には9月に新年度が始まったら実際に必要となるスキル――授業計画や学級運営、教室内の環境づくり、指導技術から給与所得控除に至るまで――を教えるワークショップを行った。頭も体も使う大変な仕事だっただけでなく、これからもっとも過酷な仕事に就こうとしていると気づいた学生たちをサポートするのは精神的にも苦しかった。でも、同時に楽しくもあった。

人に教え方を指導するのは、自分自身の教育への信念や理解を明確にし、体系化するのに役立ったし、普段教えているのとは違う学校やクラスを訪れ、他のアドバイザーたちと協力し合うという、いつもとは異なる労働環境は、私を成長させる豊かな学習体験にもなった。

あなたのターン

あなたは、どんな学習者《Learner》？

私たち教師は、それぞれの生徒にとっての最善の学習方法を理解する重要性を説くことは多いが、**自分自身にとっての最善の学習方法も知っておく**必要がある。自分自身の学びに必要なものがわかれば、より準備が整った状態でプロフェッショナル・ラーニング・コミュニティ（PLC）に参加でき、さらに、自分に必要なものに応じて環境を変えることもできるだろう。

Rebekah's Turn

1. あなたにとって、もっともよい学び方は？　新しいことを理解するのに、読む、書く、話す、聞く、動く、体験する、絵に描く、創作する、などの必要がある？
2. これまでに参加した研修は、あなたにとっての最善の学び方と、どの程度合っていただろうか？　それらの研修は、あなたや生徒に、どのような影響を与えただろう？
3. あなたにとって、もっとも効果的だった学習体験は？　それはなぜ？
4. あなたにとって、もっとも非効率だった学習体験は？　どうすれば、もっと効果的になったと思う？

あなたの目的を達成するには、何を学ぶ必要がある？　どうやって学ぶべき？

第1章で明確にした、あなたの目的を思い出してもらいたい。自分のwhyについて問いを持ち、答えを求め続けることで、目的を生み、育て、より目的に合う生き方や働き方ができるようになるはずだ。

1. 時間とお金を気にしなくてよいとしたら、何を学びたい？ どんなふうに学びたい？

2. 教師としてのあなたを満たすものは何？ あなたのモチベーション、インスピレーション、レジリエンスは、どこから湧き出てくるのだろう？ 元気を取り戻したいとき、あなたは何をする？

3. あなたの目的を深めるために、何を学びたい？ 自分の目的に合う生き方や働き方をする方法を知るには、どのような体験をする必要があるだろう？

4. クラスの先導的《Lead》な学習者《Learner》になるとは、具体的にはどういうことだろう？ あなたのその姿から、生徒は何を学ぶだろう？

付録に、このアクティビティの夏休み版として、「意図的な夏の計画プロトコール」がある。春の学期中に何度か試してみて、夏に対するビジョンがどう変化するか観察しよう。

⁘ 自分でコントロールできる範囲を知る

研修の内容は地域によって異なるだけでなく、参加する公的な機会がない教師もいる。私たちが、より広い意味での「学習」に焦点を当ててきたのは、そのためだ。学校の内外、そして年度中あるいは長期休暇などにある、あらゆる学びの機会について考えてみよう。

1．校内研修において、あなたはどの程度の発言が許されているのだろう？　研修にフィードバックをする、リーダー的役割を任される、あるいは、その他の形で校内研修の内容に関わる機会はあるだろうか？

2．あなたは、学校の内外で、教師という職業集団にどのくらい貢献したい？　コーチやメンターになる、授業相互観察を行う、カンファレンスやバーチャルイベント、ソーシャルメディアのコミュニティ、その他の教師主導の研修に参加するといった機会はあるだろうか？

3. あなたにとって充実した、刺激となる学びを得るために、学期中や長期休暇の時間をどのように使うことができるだろう？　たとえば夏休みに、働きながらでも自分の目的を刺激するには、どうすればよいのだろう？

学校が用意する研修では不十分だったら？

先導的な学習者《Lead Learner》は、どんな内容でも、どこででも学ぶことができるはずだ。とはいえ、これから10カ月に及ぶ、重要とも有意義とも言いがたい校内研修が始まるときにそれを言われても、大した慰めにはならないだろう。**まず、研修があなた（他に同じ意見を持つ教師がいる場合は、彼らも含めて）にとって効果的ではない理由を考えるところから始めよう**。よくないのは内容？　形式？　ファシリテーション？　タイミング？　場所？　グループの分け方？　研修の効果を損ねている原因を特定できたら、その中で自分にコントロールできるものや、どうコントロールするのかを考えてみよう。

コンサルタントとしていくつかの学校と仕事をした経験から、ＰＬＣにとって悪影響となる、もっとも有害な思い込みは、**「研修とは、よくある全教師が強制参加させられる週１の校内研修のような、全職員を巻き込み、参加者全員が同じタイミングと方法で学ばなければならないもの」という誤解**であると認識している。実際に多くの教師が、そうした研修について、選択肢や柔軟性、他の研修との差別化、主体的に自己決定する機会を与えられず、無意味だと感じている。

ところが、むしろそうして与えられていないそれこそが有用な授業の特徴であり、それは同時に効果的な研修の特徴でもある。もし、あなたの学校で、研修計画の責任者が先に書いたような思い込みにとらわれ、研修が効果のないものになっていたら？ そのときは、彼らの思い込みに対してあなたができることを考えよう。そして変化を呼びかけ、校内研修に変革をもたらそう。

教師は可能な限り、自分の学びに主体的であるほうがいいと私たちは考えている。ただし、それがどういうことを指すかは学校によって異なる。例えば、校内のＰＬＣのリーダー的役割を担ったり、教師たちに学びを提供するチームの一員になったり、自分が新しい考え方をできるよう後押ししてくれるバディを見つけたり、管理職にフィードバックや提案をしたり、周囲に自分が普段どのように学んでいるかを共有したり、自分の意見や権利の主張につながる行為をしたりと、多岐にわたるだろう。

付録の『教員主導の校内研修のための探究のサイクル』にも教員主導の校内研修の例を載せているが、他にも参考になる資料がいくつもあるはずだ。インターネットを使い、別に使えそうなアイディアはないか探してみよう。

休憩が必要だとわかったら？

休憩しよう！　あなたはただの人間だ。不安でたまらない、落ち込む、あるいはプレッシャーに押しつぶされそうなときは、生徒にとってもベストな状態のあなたではない可能性が高い。きっと、何かしらのかたちで休憩することこそが、生徒や周りのためにも、あなたの元気を回復させることにつながるはずだ。仕事やその他の責任から解放される日を過ごす、追加で任されそうな責任を断る、週末や学校が休みのあいだは仕事に一切触らない、メールの自動返信を設定する、決まった時間以外はメールチェックをしない、夏は徹底的に休む、など。

それでも元気が回復しない場合は、ずっと効果が続く、もっと思い切った変化が必要なのかもしれない。それが、この本だ！　**まずは、自分にどのような休憩が必要かをよく考える必要がある。**この章では、有意義な学習体験を通して指導力を磨きながら、学期中の細々とした業務から休憩をとる方法をたくさん紹介したい。きっと、あなたにも合うものがあるはずだ。

家族や友人とつながり直す時間が必要だったら？

つながろう！　教師の仕事はフルタイム以上だ。寂しさや孤独を感じるなら、愛する人たちとつながり直すことで、一番必要なときに支えられ、大事にされていると感じられるだろう（ただし、有害あるいは不健全な関係――血がつながりは問わない――にある相手とは、絶対に関わらないようにすること。自分の心の健康を守るためには、そういった関係を完全に断ったほうがよい場合もある）。レベッカの友人で学区長のキャロリンは、移動時間を利用してアメリカ中にいる友人や家族と連絡を取り合っているそうだ。相手の近況を聞いたり、定期的に連絡を取り合ったりするのに、その15分の会話がちょうどよいのだという。あなたを支える仲間たちとの関係の築き方については、第7章で詳しく説明する。

状況を変える必要があったら？

それは、あなたにとっての「状況」が何かによるだろう。きっと、旅行好き――とくに南国への――は私たちだけではないはずだ。とはいえ、さまざまな理由から、簡単に行けないことが多いのも事実だ。ちなみに私たちは、ステイケーション〔遠くまで行かず、近場のホテルなどで休暇を過ごすこと〕や近場の新しい、あまり行ったことのない場所を探索するのも好きだったりする。たとえば、レベッカは週に1度、近所の散策を楽しんでいるという。

パンデミックが始まり、私も夫も在宅で仕事をするようになってからというもの、私たちが住む56平方メートルほどのアパートの部屋は、息苦しくてたまらない空間になってしまった。２０２０年の夏になると外出できるようになり、入場者数に制限がありながらも博物館が開いたので息抜きになったが、秋が近づくにつれ、季節の移り変わりとともに自分の生産性と心の健康を守るための計画が必要であることもわかっていた。

そこで、毎週水曜日の午後は「遠足」することに決め、芸術の時間と称してスケジュールに組み込んだ。そうやって２０２０年秋に始めた私の「遠足プロジェクト」は、まだ外に出られる気候だったこともあって、2年経った今も私の一番のお気に入りの遠足でもある、長年やりたかったゲルジー・ベルによるブルックリンのグリーンウッド墓地のサウンドウォーク〔音声ガイドツアーのようなもの〕から取りかかることにした。そうやって初日からサウンドウォークにすっかり魅了された私は、地下鉄で家に帰る道すがら、「たとえパンデミック中でも、生徒たちがそれぞれに近所のサウンドウォークを作ったらどうだろう」と考えた。

そして自分のアイディアに興奮するあまり、ゲルジー本人にメールを書き、さらに、当時リモートでコーチしていた、ボストンの学校で管理職に就いていた男性にも熱く語って聞かせたところ、その管理職の男性が、本当にサウンドウォークを作るという課題を彼の学校の生徒たちに出し、実際に何人かの生徒たちが、近所のサウンドウォークを作ってきたという。自分が住んでいる街で得た学びが、よりよい教師、そして管理職になる役に立ったのだ。

一方で、あなたが変えなければならない「状況」が学校そのものなのだとしたら、次の章では学校（職場）を移ることについて書いたので、読んでみてほしい。

子育て中だったら？

子どもの休みと自分の休暇が同じ時期だという人は、自分の学びに没頭できる時間がないように感じられるだろう。ところが、子どものために夏の楽しい体験を作ることこそ、自身の学びを深める入り口になるかもしれない。生徒にやらせたかったけど、時間が足りなくてできなかった遠足や理科の実験、芸術活動、新しい本、創造的なテーマはないだろうか？　実際にやってみたら生徒がどう反応するか、自分の子どもとチャレンジしてみよう。子どもと生徒の年齢が離れていたとしても、少人数相手に試験的にやってみることで、どうすればうまくいくか、さらには、より効果的な方法がないか考えられるはずだ。

メンターから学べなかったら？

すべての教師に対して願っているのは、さまざまなことに挑戦させてくれ、支え、理解してくれる、優秀なメンターに当たること、学びのある仕事をする機会に恵まれることだ〔アメリカでは、新任教師に先輩がメンターとしてつく〕。ところが、必ずしもそううまくはいかない。多くの教師が、さまざまな理由から理想的とは言い難い相性の同僚やメンターと組まされていることも理解している。

私たちの経験上、メンターと新米教師との関係が助けにならない場合の一番の理由

は、メンターとなる教師が、効果的なコーチングやフィードバックをするための適切な訓練を受けていないからだ。優秀で経験豊富な教師だから、同僚に自分の知識や技術を伝授するのも簡単だろう、という思い込みがある。**ところが、自分に知識や技術があることと、人にそれらを伝えることはまったくの別物**であり、多くのメンターは、自身の専門知識を効果的に他人に共有する方法を知らない。その結果、メンターとして役に立ちたいと思っているのに、よい指導の仕方がわからないせいで、指導の場が愚痴の言い合いや説教、長々と改善案を提案するだけの場になってしまう。

もし、メンターから効果のない指導を受けている場合は、この章の前半に出てきた、自分にとってもっともよい学び方についてのリフレクションの質問を思い出し、あなたの学習スタイル（やその要素）をメンターと共有することを検討してほしい。たとえば、教えてくれる指導法について、手本を見せてほしい場合は、メンターが教えている様子を見学させてもらえないか聞いてみるといいだろう。あるいは、自分で実際にやってみることで学ぶタイプの人は、自分の授業をメンターに見てもらうのがいいかもしれない。他に、新しく自分でメンターを探すという手もある。メレディスは、学校が決めたメンターと自分で探してきたメンターのどちらからも、貴重な学びを得たそうだ。
もし、あなたがメンターとして、同僚を思うようにサポートできていないと感じている場合、私たちができる最善の提案は、あなた自身のメンター・スキルを伸ばす研修を受けることだろう。あなたの学区またはコミュニティ内に参加できる研修がないか探してみよう。あるいは、あなたの学校や学区に、より大きな影響力をもつメンターがいる場合は、その人と親しくなり、学ばせてもらうとよいだろう。

メンターと効果的な関係を築くには、この本の第7章と付録の『メンター・マッチングとリフレクション・ツール』が役立つはずだ。このツールは、管理職がメンターとなる教師とその相手となる新米教師の組み合わせを考えるときや、教師たちが指導する・されるにあたって活用してもよい。

バーンアウトの原因が研修そのものだったら?

もう私たちが何を言おうとしているか、わかるだろう。バーンアウトに対する解毒剤は、目的だ。あなたにとって本当に大事なことを思い出させる存在だ。でも、目的が大切な存在なのは、期待外れだったり、ストレスが溜まるような研修での経験を、広い視野で見られるようにしてくれるからだけではない。確固たる目的があれば、**それが意思決定の基準にもなるから**だ。

あなたの学校が提供する教師へのサポート、スキル向上や学びの機会が、もしあなたの目的と合っていない場合は、そろそろ変化が必要なのかもしれない。私たち2人が校内研修の担当を引き継いで2年分のカリキュラムを作成し、週に1度のセッションを実行に移したのは、校長に言われたからではなく、自分たちの意志だった。私たちは、学校が行っていた校内研修に満足しておらず、どうにかしたいと考えていた。お互いの立場上、そうできる時間の余裕があったからこそできたのであり、今の校内研修に不満を持つすべての教師が、同じように自分たちで研修を作るべきだと言っているのではない。私たちの場合に限り、そうすることが、「同僚たちを含めるすべての学習者との関係を優先し、最高の学習体験を提供する」という自分たちの目的にも合っていたのである。

もし、あなたの目的と合っていない研修への参加が強制で、バーンアウトにつながりそうな感覚がある場合は、自分のためにも解決を試みよう。もっともダイナミックな手段としては、より自分の目的と合う環境に移ることだろう。かなり難易度が高いことのように思えるかもしれないが、そのために次の章があるので大丈夫！

読んで学ぶ

次に紹介するのは、どれも私たちが反人種差別主義の教育者になろうとする中で大変ためになると感じた、素晴らしい本のリストである〔本書では、邦訳が出版されているものに絞った〕。ただし、このリストに私たちが読んだすべての本、あるいは、あなたが読むべき本をすべて載せるのは不可能だ。そのため、あなたにとってしっくりくる、自分に合う〝教師〟を見つけるべく、自分自身でも調べることを勧める。さらに、リストにある本の中には、対面またはオンラインでの研修を提供している団体のメンバーになっている著者もいるので、可能な限り本人、または本人がいるチームから直接学ぶのがよいだろう。

本のタイトル一覧

- 『世界と僕のあいだに』タナハシ・コーツ著（邦訳、慶應義塾大学出版会）
- 『アンチレイシストであるためには』イブラム・X・ケンディ（邦訳、辰巳出版）

管理職のターン

あなたのターン

を読み、あなたが学校・学区の部下や同僚たちに提供している学習体験についてリフレクションし、調整すべきところが見つかれば幸いだ。もしそうした点が見つけられなければ、匿名のアンケートを実施し、研修に対するフィードバックを集めるところから始めるといいだろう。ある学校の校長は「**教師中心の研修ができていなければ、生徒中心の授業もできない**」とレベッカに言ったそうだ。それは正しい。生徒たちのニーズ、興味や声に応えられる授業をしてほしければ、研修もそうでなければならない。教師の声を研修に取り入れるには、まず彼らの声に耳を傾け、彼らが本当に伝えたいと思っていることを理解する必要がある。

学校や学区を率いるリーダーが、学習者としての教師をサポートするのに役立つ追加のリフレクションの質問は次の通り。

- あなたの学校または学区が提供している研修は、どんな雰囲気だろう？　その中で教師たちは、意見を言ったり、リーダーシップや主体性を発揮したり、自分で何かを選択したりする機会が与えられているだろうか？　また、彼らは教師として教壇に立つとき、その研修の効果を感じられているだろうか？
- 教師は、研修や会議などで集まる際、何をしているだろうか？　彼らが集まる主な目的は、一緒に学ぶことだろうか？　彼らが協力し合える仕組みになっているだろうか？
- 『チャンピオンのように教えよう』（未邦訳）で、著者のダグ・レモフは、成功する教室の主要な要素は「楽しみ要因」（the joy factor）であると述べている。そして、生徒に当てはまることは教師にも当てはまる。教師が研修から得られる「楽しみ」は、どこにあるのだろう？　どうすれば、彼らがより積極的に取り組みたくなる、ワクワクする、楽しい学びにできるだろう？

● 私たちは、学校で行われる研修やそれに基づいた教室での実践こそが、教師としての専門性を高めてくれると信じている（アメリカでの研修は、校内でなく外部機関で受けるものが一般的）。そのとき、研修の目標と学校の現状が、どの程度合っているか考えてみてもらいたい。その研修に参加したすべての教師が研修の目標を達成できるような文化を作り、校内での学びを先導するリーダー的存在を学校で見つけられるだろうか？　また、そのリーダーには、どのようなサポートや訓練が必要だろう？　研修をサポートしてくれる外部の専門家を呼ぶとしたら、どのタイミングが適切だろう？

● 教師が教室における先導的《Lead》な学習者《Learner》だとしたら、管理職であるあなたは学校または学区の先導的な学習者でなければならない。あなたは、どんな学びに取り組んでいる？　ともに働く教師たちに、どうやって先導的な学習者としてのマインドセットを示しているだろうか？　あなたは、自分の学びや成長の過程が、部下や同僚に見えるようにしているだろうか？　あなた自身がメンターの指導を受け、教育書を読み、研修やカンファレンスに出席し、上司からフィードバックをもらっている、そうした姿のことだ。

● 管理職が先導的《Lead》な学習者《Learner》としてのマインドセットを示す究極の方法は、自分自身のクラスをもつことだ。これまで、学校運営の責任者という役割を果たしながら、同時に授業を受け持つ管理職を何人も見てきた。当然うまくいっていないケースもあり、とくに初めて管理職についたばかりで、かつ生徒たちと直接関わりたいという純粋な希望からではなく、スケジュールの都合上仕方なく授業を受け持つことになった場合なんかがそうだ。とはいえ、うまく機能すれば教師たちの学習文化への大きな貢献にもなり得る。

私たちが見てきた中で、管理職がその学校のもっとも優れた教師だったことはない（最悪の教師だったことならある）。けれども、管理職が自ら授業で教えること以上に、部下や同僚に「管理職であってもまだ学んでいる途中なのだ」と明確に示す方法はないだろう。メレディスが校長として実際に行ったときは、次のような感じだったそうだ。

学校に新しく加わった教師のデボラと、国語の授業を一緒に行う機会があった。授業者として教室に戻る上での私の役割は、その教師が成長し、この学校とつながる手助けをすることだったのだが、ふたを開けてみると、私のほうがより大きな影響を受ける結果となった。教室に戻るチャンスをもらえ、管理職とは違ったかたちで生徒とつながることができ、それまで読んだことがなかった文学にも夢中になれた。デボラとの共同授業は、私のキャリアの中でもっとも素晴らしいコーチングの機会の一つとなった。教師生活21年目の今、そのデボラは管理職実習生として、私の考えを後押しし、生徒のために私たちが強く信じるスクール・コミュニティを一緒に築いてくれている。時に思いもよらないことが、自分を夢中にさせる。

教師たちが必要とする研修の企画には、付録の『教師たちが学ぶための目的ある計画ツール』を使うといいだろう。さらに、研修に参加する部下や同僚からフィードバックを引き出すには『教師たちの学びのリフレクション・ツール』がお勧めだ。教師のチームやＰＬＣのリーダーを含め、どのレベルであっても、教師たちの学びのまとめ役にとっては、これらのツールが効果的な学習体験を生むのに役立つだろう。

Leader's Turn

出典

1. Bell, G.(n.d.). Cairns. https://www.green-wood.com/cairns/(accessed 25 November 2022).
2. Lemov, D. (2015). *Teach Like a Champion 2.0*. San Francisco: Jossey-Bass.

Chapter 6

Finding Your Professional Home

あなたの仕事のホームを見つける

「自分の仕事が嫌いでたまらない先生は、態度が悪かったり、ものすごく些細なことで注意してきたりするので、すぐにわかります。それは授業に大きな影響を与えます。大人がいたくないと思っている場所に、私たちだっていたくないですから。もう、悪循環です」

——チェレリニス、2012年卒

バーンアウトの対処法として採用や求人に注目するなど、的外れだと感じるかもしれない。あなたがバーンアウトで苦しんでいる場合、そしてその学校が人材を募集していたとしたら、そのあなたの状態は学校の最良のアピールポイントとはならないだろう。逆にあなた自身が新しい仕事を探す場合でも、バーンアウトしていることはすぐに採用担当者に気づかれてしまうだろう。ところが、雇用や求人に関わったり、積極的に転職活動に取り組んだりすることで、仕事やスクール・コミュニティの長期的な健全さ、自分自身のキャリアに火をつけられ、それが結果的にバーンアウトを防ぐことにつながるのだ。

バーンアウトという観点で、どこで誰と働くかを考えるときには、自分の目的と学校（所属する組織）の目的の交わっている部分をよく見る必要がある。私たちは、バーンアウトの主な要因は、目的のずれ——自分の目的と行動のずれ、あるいは自分の目的と学校の目的のずれ——にあると考えている。雇用や求人は、個人と組織の両方の目的をよく観察し、合っているところを見つけ、それを強化することができる絶好の機会なのだ。

では、どうすれば雇用や求人に関わることで、バーンアウトを防ぎ、対処できるのだろうか？　次のいくつかのポイントについて考えてみてほしい。

- 採用プロセスは、学校やスクール・コミュニティに変革をもたらす、ラーニング・コミュニティ〔学習者が主体的に学び合う学習共同体〕を作る長期戦略の一要素だ。多くの教師にとって、自分の学校の現状や将来のビジョンについて考える作業に関わるのは、大きな励みになるだけでなく、自分のスクール・コミュニティに対する情熱や責任を復活させることにもつながる。
- 学校で営まれるものの中でもっとも重要なのは、教師と生徒が教室で行う授業だろう。教師の採用に関わるということは、この授業という、学校におけるもっとも重要な営みに取り組むチームのメンバー決めに発言権をもつということだ。そして、生徒の学びに変革を起こす文化づくりに関われるということだ。なんて、楽しそうなのだろう！
- 採用に関わることで、教師も自分のチームを作ることができる。どんな背景、経験、意見やエネルギーをもった教師がいれば、あなたの学校にとってより効果的なチームを作れるだろう？　あなたの同僚となる人なのだ。あなたは、どんな人と一緒に仕事をしたい？

●ここまでは、今いる学校に関わることで情熱の炎を絶やさないようにする方法に注目してきた。でも、仕事を変えたり、別の学校に移ったりすることでも、あなたの炎を大きくすることはできる。あなたは、自分と生徒のためにも、あなた自身がその炎を燃やし続けられる役割や仕事に就いているべきだ。もし、あなたが現在バーンアウトしている場合、今がそのタイミングだ。変えるのは役割かもしれないし、場所（学校）かもしれない。この選択では、やや気まずい思いをするかもしれない。さまざまな理由から、今の学校を辞めるなんて不可能なように感じられるかもしれないが、そこにバーンアウト解決の可能性があることを覚えておいてほしい。つまり、より情熱的になれるような新しい役割につくことで、あなたのバーンアウトが解決する可能性があるということだ。

この章では、雇用や求人のどちら側——雇用される側とする側——としての経験もある、私たちの体験談を共有している。

この章で振り返ること

メレディスのターン　レベッカのターン

これまで実行してきた幅広い就職活動経験について。
採用活動のプロセスが学校や応募者の目的に合っていると、どんなふうになるか。

レベッカのターン

雇う側として採用活動のプロセスに携わって学んだこと。

この章のポイント

・自分にとってホームとなる職場の見つけ方。
・自分が「合わない」ところにいると気づいたら、何をするべきか。

管理職のターン

適切な人材を、適切な部署で、適切な職務に就かせる方法。

メレディスのターン

学校を移るたびに、深い関係を築いた生徒や教師を残し、いつかまた会えるのだろうか、それまでのように彼らの成長を知ることはできるのだろうか、といったことが頭をよぎった。職場を変えるというのは、毎回が大きな決断だった。

面接でそのコミュニティのことがわかる

私が初めて受けた面接は電話面接で、たしか15分か、長くても20分だった。私は、テキサス州ヒューストンでティーチ・フォー・アメリカ〔教育NPO。アメリカの一流大学の学生を対象にプログラムを実施する〕の夏季プログラムに参加しながら、ノースカロライナ州でのポジションのための面接を受けていた。過去、どの面接においても、「いつ」「どこで」といったことを含め、私自身にいかなる選択権があった試しはないが、このときもそうだった。電話で話した校長自身もその学校では1年目だといい、私には7年生の英語と社会を担当してほしいと言った。頭の中で用意していた答えは、「喜んで」――そのために電話をしていたのだから。

そしてもちろん、このような機会をもらえて嬉しいこと、彼女が校長となる学校で学べるのが楽しみであることなどを伝えるのも忘れなかった。すると、「それはよかった。学校は8月の最終週の前の週から始まるけど、オリエンテーションに来られる？」と返ってきた。そこで再び、「喜んで」と答えると、「よかった、じゃあね」と言われて終わってしまった。感じのよさそうな校長だと思ったが、電話を切った私はショックを受けていた。あれだけ。たったあれだけで、面接が終わってしまったのだ。

校長は、私の教育哲学や仕事のやり方について、何も聞かなかった。あれほど準備したというのに、すべて無駄だったのだ。私はあれほど緊張したというのに。彼女にとっては、自分の学校に来て授業をしてくれる、教員免許を持った人間なら誰でもよかったのだろう。私の実力などどうでもよかったのだ。彼女は、私がティーチ・フォー・アメリカのメンバーだというだけで2年契約を結び、お陰で、最低2年間はそのポジションを埋める必要がなくなったのである。

田舎で教師を雇うのはかなり難しいにもかかわらず、私が入職したその年、その学校には私以外にも新しく採用された教師が10人以上いた。なんと、そこには新しく入った教師をサポートするチームが複数あり、ベテラン教師たちはメンターとしての役割に真摯に取り組んでいたのである。採用プロセスはあまり厳密ではなかったが、実際は、新人教師へのとても安定したサポート体制が整っており、それは生涯教師を続けようという私の心に火をつけ、意欲をかき立てた。

その後に、私がニューヨーク市で初めて教鞭をとったのは、ブルックリンのダウンタウンにある小さな高校で、法律に関するすばらしい教育実践をもっていた。教師兼ディベート部のコーチとして採用されたとき、同校の12年生チームは、ニューヨークシティ・アーバン・ディベート・リーグ〔ニューヨーク市の高校が参加する学術討論大会。有色人種の学生や歴史的に恵まれなかった属性の学生に焦点を当てる〕のトップチームだった。校長からは、私に任された最大の任務は、そのチームにニューヨーク1位を維持させることだと言われていた。

正直なところ、どのような採用プロセスだったかは覚えていないが、前任のコーチが、いくつもの大学ディベート大会で私の審査をしたことがある人で、私の実力を知っていたというのはあったのだろう。さらにその人は、コーチはもうやりたくないが、新しいコーチの指導とサポートには前向きだった。私が採用されたのは、確実に彼女のお陰だったはずだ。その上、私はちょうど、幼馴染たちと住むためにノースカロライナ州からニューヨーク市に引っ越してきたばかりだった。当時、ニューヨークについて知っていたのは、ノースカロライナ州より物価が高いこと、そして、仕事が見つからなければそこへは引っ越せないということだった。

そのため、私がその新しい学校の校長に望んでいたのは、雇用通知書をくれることだけだった。それさえあれば、私がノースカロライナ州で取得した教員免許を持ってニューヨーク市教育局で相互認定〔reciprocityという他州の教員資格に対する受け入れ措置〕を申請できたからだ。それが認定されたときは大喜びした。これで晴れてニューヨークで教師ができる、とおおいに感謝した。

自分のホームを見つける

2005年、私は新たな勤務先となる学校を探し始めていた。ちょうどそのころニューヨーク市は、大規模校を特色ある小規模校に再編成していた頃で、新たに開校予定の学校とそれに伴う求人がたくさんあった。当時、同じ学校に勤めていた友人が、これは新たなホームを見つける絶好のチャンスだと言った。さらに、高校入学を控えた8年生向けに開かれる合同説明会〔ニューヨークでは、高校入学に向けて、合同で学校説明会が行われる〕に行けば、その学校の校長直々に詳しい話を聞くことができる、と誘ってくれた。

その友人とこの説明会に参加したとき、ものすごく緊張したのを覚えている。慌ただしげに各学校の話を聞いて回る家族連れに混ざり、履歴書を持った、新入学の子どもを連れていない、若すぎる私たち2人の教師は、明らかに浮いていた。きっと、不思議に思った校長は多かったはずだ。彼女たちは受験生なのだろうか？　保護者？　いや、求職中の教師？

それでも、私たちはやり遂げた。各学校のテーブルへ行き、学校について質問し、翌年度に向けて求人を募集していないか聞き、募集していたときは、その場で履歴書を渡した。ところが1校だけ、校長が家族連れと話すのに忙しく、話を聞くことができなかった学校があった。彼のテーブルには、彼と話したい生徒が大勢詰めかけていたため、まったく近づくことができなかったのだ。私たちは、圧倒されていた。彼が提供している何が、他の学校と違うのだろう？　なぜ、彼のテーブルには他の3倍の人数が集まっているのだろう？　運よく、帰る前にその校長に挨拶をすることができ、その学校が、教師や教育関係者に向けて開く学校説明会に呼んでもらえた。校長は、学校の住所と説明会の日時を教えてくれ、非公式な会ではあるものの、校舎の中を見て回ったり、生徒や教師たちと会ったり、様子を詳しく知ることができるはずだと言った。友人と私はものすごく喜び、絶対に行きます、と返事した。**この日、自分たちが本来いるべきではない場所にいたことで、残りの人生が変わるなんて、思いもよらなかった。**

説明会に行くと、まずは4階に上がるよう指示があり、そこで生徒に出迎えられた。彼らが校内を一緒に回り、質問にも答えてくれるとのことだった。そして個人面接の準備ができ次第、案内してくれるという。私は、その学校の小ささに衝撃を受けた。彼らの学校は4階フロアの半分でしかなく、建物自体がまだ増築中だったため、ほとんどの部屋が使われていなかった。

この日、自分がどんな質問をしたかも、その学校について何を学んだかも、まったく覚えていないが、先に職員との面談に呼ばれたのは友人のほうで、彼女が面談の部屋に滞在したのがわずか10分程度だったことは覚えている。それを見て、きっと正式な面接ではないのだろうと安心した私は、呼ばれて部屋の中へ入ると、悠然とリュックを置いて椅子に座った。部屋には他に2人いて、どちらともその学校の職員だと信じて疑わなかったのだが、採用され、初日に教室で見覚えのある顔を見つけたときに、部屋にいた2人のうち、主に私に質問してきたほうは生徒だったと知った。その「職員」がのちに言ったのは、私が自信に満ちて見えたということだった。「だって、ビジネスバッグじゃなくて、リュックだったでしょ？　だから」と。リュックが自信の証になるなんて、誰が思っただろう？

さらに、その日の最後にあった出来事は、一生忘れないだろう。面接の次のステップとして、校長または他の職員が、私たちが現職の学校で実際に教えているところを見にくる、というのだ。私たちは緊張すると同時に興奮したが、まだ在籍校に転職先を探していることを伝えていなかった。そのため、管理職が来客を不信に思わないよう、校長ではなく職員に来てほしいと頼んだ。

結局、どんな授業をしたかはあまり記憶にないが、そのときに味わった緊張感と興奮はよく覚えている。生徒には、大学院の関係者が見学に来るから全力で授業に取り組んでほしい、と伝えていた。先に友人の国語の授業を行ったあと、私の歴史の授業を行うことになった。私は、彼女と比べられるのではないかと気が気じゃなかった。国語の授業が行われる部屋はとても広い教室で、対して私の歴史の部屋はとても狭かった。それに彼女は私に比べて堂々とした、計画性もある教師だ。とくに後者はそのときの私にはなかったもので、のちになんとか時間をかけて習得したスキルだった。

私が使っていたのは、もともと少人数グループの指導に使われていたスペースを私が引き継いで、歴史の授業を行うのに使っていた部屋だった。そういう事情もあって、とにかく狭かった。正直、どうやって生徒全員がおさまっていたのか、また、私がその中を歩いて回れていたのか、わからない。生徒は、いくつかの丸テーブルに分かれて座り、課題によって互いに話し合うことができるというメリットもあったが、それ以外は気が散る原因でしかなかった。

いよいよ一つ前の授業が終わり、生徒たちが教室を出たあとのこと。先にデモ授業をしていた友人から内線が入り、生徒がひどく落ち着きがなく、喋ってばかりで、授業のあいだずっと集中できていなかったという。そのタイミング——ちょうど見学の職員と生徒が教室に入ってくるところ——でもっとも聞きたくない内容だった。

ところが、授業の最初は緊張したものの、生徒が席につき、『やってみよう』のプリントを配ると、彼らが授業に集中して取り組む準備ができているのを感じた。すると、ある生徒が私を呼び寄せ、「先生、大丈夫だよ」と小さな声で言ってくれたのだ。生徒が私のデモ授業の成功を願ってくれていることが伝わった出来事として、とてもよく覚えている。**そして、彼らが私を大切に思っていることを示してくれたその瞬間から、私は、自分がその教室の中で築き上げた彼らとの関係や文化は、今後もずっと私の中に残ると確信したのだった。**

ただし、採用プロセスはそのデモ授業で終わりではなく、校長と管理職とさらなる面接を行うため、私は再びその学校に呼び戻された。そして面接後、私のレファレンス〔前職や現職の上司からの推薦文〕を確認してから無事に採用が決まったのだが、実は最後にもう一つ面接があった。どちらかと言えば形式的な面接だったのだが、本採用されるためには必要とのことで、相手は保護者、教師、生徒、管理職や教員組合メンバーで構成された委員会で、**私が本当にその学校に合う教師かどうかを確認するのが目的**だった。

このように、非常に目的に合った採用プロセスを取る学校が私のホームとなり、そこで教師生活の大半を過ごすことになったのは偶然ではないはずだ。あの厳しい採用プロセスを経て、学校が教師にどのような価値を置いているかがわかった。また、私はそのときの校長のお陰で教師として成長することができた。光栄にも、そうして18年にわたって私のホームであり続けた職場を、今や私自身が校長として率いている。今も毎朝、同じ場所に通い、そこで楽しみを見つけられるお陰で、一人一人の生徒に精一杯尽くすことができている。

レベッカのターン

人を雇う側になる

まだ2年目の新米教師にもかかわらず、私は採用候補者のデモ授業を見学することになった。校長は彼らの指導力が知りたく、候補者たちは彼女たちが当時勤めていた学校の校長に転職活動をしていることを知られたくなかった。そこで、校長以外の職員が授業見学に出向くのが最善の策と考えられたからだ。向かったのは、ブルックリンのダウンタウンにある学校で、私は今回の採用プロセスの最初にあった教職員向けの学校説明会に参加してくれた2人の教師たちの授業を見学する予定になっていた。覚えているのは、まったく同じグループの生徒にもかかわらず、それぞれの授業で感じたエネルギーが驚くほど違っていたことだ。生徒が国語、それから歴史の授業へ移動するのに同行したのだが、国語のクラスでは、それがそこでの公用語なのかと見まがうほど、皮肉しか聞こえてこなかった。実際に誰が何と言っていたかは詳しく記憶していないが、どんなエネルギーを感じたかは覚えている。歪んだ、とげとげしいエネルギーだった。そこに楽しみや愛情、好奇心は存在せず、その教師は採用できないと感じた。

次に、生徒たちに付いて歴史の授業がある教室へ向かうと、そこはとても小さな部屋で、30人もの生徒が入ることが想定されていないのは一目瞭然だった。私は、数人の生徒と一緒に小さな丸テーブルに座ると、近くに大きな植物が置いてあるのに気づいた。また、備え付けの蛍光灯のきつい光を和らげるためか、電灯の半分は消してあった。そんなふうに観察しているうちに授業が始まり、唯一覚えているのが、私が座っていたテーブルにいた生徒の一人が、課題に取り組まなかったことだ。その生徒は友好的で、カリスマ性があり、私や他の生徒ともコミュニケーションをよく取れる子だった。彼は、授業中にもかかわらず、体ごと友人たちのほうを向いて身振り手振りを交えて話したり、笑ったりしていた。すると、授業をしていた教師が私たちのテーブルへやって来て、彼の横に立った。そして生徒の名前を呼ぶと、こう言ったのである。

「黒板の①のところに何か書けないか、勝負しよう」

「勝負」は魔法の言葉だった。その生徒が、すぐにペンで何かを書き始めたのだ。私は、この教師を採用しなければならない、と思った。それがメレディスだ。もし、彼女が私の学校でデモ授業を行っていたら、このやり取りは見られなかっただろう。なぜなら、彼女がその生徒にかけた言葉は、彼女が生徒とのあいだに築き上げた関係性を反映したものだったからだ。つまりメレディスは、その生徒と気持ちを通わせ、モチベーションを上げるための言葉を知っていたし、一方の生徒はメレディスを信頼し、彼女の言う「勝負」とは脅しではなく、チャンスであることを理解していたのである。私は、彼女と同僚になりたいと思った。

教師は1日の大半を生徒と過ごすが、経験上、もっとも重要なのは同僚との関係だと思っている。あなたをインスパイアし、支え、試し、励まし、時間がギリギリで焦っているときは代わりにコピーを取ってくれ、ノートパソコンの電源ケーブルを貸してくれ、突然チョコレートを差し入れてくれ、一緒にパブのハッピーアワーに行ってくれるのが、同僚だ。そして、もっとも重要なのが、あなたが目的を達成するのを手伝ってくれたり、さまざまな困難に直面し途方に暮れているときに、教師になった理由を思い出させてくれたりするのも、彼らであるということだろう。教師は生徒を選べないし、選ぶべきではないが、同僚は選べる場合もある。私は教師人生のほとんどを、日々、自分が教えているものを愛し、それを生徒にも伝えようとする、情熱的な、根気強い、意欲的な教師たちが集まる場所で過ごしてきた。

私が採用プロセスで重視しているのも、それ――**自分が教えているものを愛している人**――だ。教えているものを全部、あるいは、教えるということのすべてを愛する必要はない。ただし、その内容が何であれ、純粋なワクワク感や好奇心、情熱は必要だ。そして、その内容に夢中になることで、大きな満足感を得られなければならない。強制ではなく、自ら学びたいと思えなければ駄目だ。それが本を読むことであれ、美術館や歴史的に重要な場所へ行くこと、あるいはマラソンを走る、芸術作品を作るなど、自分の時間にもしたいと思えることでなければならない。基本的に、自分を本気で鍛えたいと自ら思える必要がある。そうでなければ、生き生きとした授業をするのは難しいだろう。例えば私たち――国語チームは、言語と文学を愛してやまない教師たちばかりだったが、それは偶然ではなかった。

私は当時、自分のチームを含めすべてのチームの採用に深く関わっていた。大学や大学院のつながりで知った者もいれば、担当した教育実習生や非常勤講師時代の生徒だった者もいた。採用して終わりではなく、初めて教師をするという場合はメンターとして指導したし、その教師がメンバーと働くチームを先導したこともある。また、非公式のピアコーチも担った。後にそれらは、主任教諭の業務の一つとして正式に認められた。

私は同僚との関係性が、教師の学校生活に大きく影響することを理解していたからこそ、採用や同僚のサポートにかなり力を入れたつもりだ。同じように同僚との関係性を重視している教師は多い。

あるいは、その逆についても同じことが言えるだろう。昔、私とメレディス、校長、副校長で見学した、ある数学教師のデモ授業が今でも忘れられない。その教師は、教室に壁と同じ幅のホワイトボードと電子黒板があるにもかかわらず、手持ちの小さなホワイトボードに数式を書き、それを生徒一人一人の目の前まで持っていって解かせていたのだ。その光景は何やら奇妙に映り、私は不吉な予感がした。年度末に行われた〝見せかけ〟のデモ授業であったことを差し引いても、まったく意味がわからなかった。

メレディスと私はがっかりし、その教師を採用しないよう管理職に進言したが、それが聞かれることはなく、彼は採用された。ところが、生徒や他の教師を繰り返し脅すなどの行為があり、結局1年しかいなかった。手持ちのホワイトボードで生徒のパーソナルスペースを侵害していたのは、彼の境界線のなさと他者を軽視する心の表れだったのだ。

同時に、「誰と一緒に仕事をしたいか?」という問いかけを採用プロセスの基準にすることは、一緒に働く教師の多くが私と似ているということでもあった。私たちは、似たような背景や経験、信念体系、考え方をもっていて、それはつまり、自分たち自身の無知やバイアスによる盲点もあることを意味していた。私たちの学校では、長年にわたって、ほぼすべての生徒がBIPOCの生徒であるにもかかわらず、管理職も、そして教師の大半も白人だった。一緒に仕事をしたいと思える同僚を採用したいという自分たちの願望によって、自分たち——生徒たちではなく——に似た人たちを集めていたのである。公正や平等、多様性、インクルージョンといったものが、当時、私たちの学校の目的に含まれていなかったこともあり、そういった価値を採用プロセスにおいて優先していなかった。結果として、私たち職員の人口統計学的な属性は、生徒たちのそれをまったく反映していなかった。

人、役割、目的を揃える

教師だった最後の5年間の大半は、バーンアウトしては回復するのを繰り返し、毎年のように、空しさ、無力感、自分がどこへ向かっているのかわからない感覚を抱えたまま、やっとの思いで年度末を迎えていた。バーンアウトするたびにさまざまな方法で対処し、転職を検討したこともあった。5年のあいだに、違う学校で教えることや、管理職の免許資格を取得すること、チャーター校〔特別認可、あるいは達成目標契約により認可された学校〕で教育リーダー職に就くために前職を夜逃げ同然で辞めることなど、さまざまな可能性を妄想したりもしたものの、実際にやってみたものはなかった。当時勤めていた学校にあった自由や自主性――私の基本的価値観でもある――が、他の職場にはなかなかないことも知っていた。だから最終的には、自分のコンフォート・ゾーンを出たら直面するだろう変化を恐れ、どこか新しいところへ行くリスクより、だんだんと不幸になっていったとしても、安全だと感じられる環境に残ることを選んでいたのだ。

私は、仕事は辞めずにバーンアウトの最悪の状態をのらりくらりと回避しつつ、学校を変えずに仕事への意欲を維持する方法を探し続けていた。そして常に、あと1年だけ、と自分に約束していた。チームのリーダーや1年目の教師のメンター、クラブ活動のリーダーなど、教えること以外の仕事を断るのが効果的だった年もあれば、反対に何でもかんでも引き受けたほうが調子のいい年もあった。メレディスと主任教諭だった頃がまさにそうで、このときは二つの世界のいいところ取りといった感じだった——1日に3時間教え、それ以外の時間は同僚のメンターやコーチ、校内研修のプログラム作成などをする。まさに、すべての学習者（大人を含め）に、楽しく、活気ある、魅力的な、力になる学習体験を提供するという私の目的を満たす働き方だった。

ところが、それ——キャリアを通して、もっとも力をもらえた、満たされた働き方——でさえ、私のバーンアウトを永久に食い止めることはできなかった。その年度の最後の月から夏にかけての精神的な負担は防ぎようもなく、私は、**自分にとって当時のその学校が物足りなくなっていること、そして、学び続けるためにはそこを辞める必要があることに気づいた。**

また、自分の影響力の及ぶ範囲について、広さをとるか深さをとるかという選択も、私を苦しめた。約10年間、小規模校の教師だった私は、比較的小さなコミュニティに深い影響を与えることができた。全部で1000人くらいの生徒と関わり、私が学校を辞めてからも続いた取り組みを先導したりもしたが、ニューヨーク市だけでも2000校以上の学校があり、100万人以上の公立高校の生徒がいるのだ。私の目的に――楽しく、活気ある、魅力的な、力になる学習体験を提供する――は、私が実際に教えた生徒だけに対するものではない。

するとまさにその夏、不妊治療に泣かされたり、新しいアパートへ引っ越したりと忙しく過ごしていた最中、自分の目的と合った仕事のオファーを受けた。それまで数多くの誘いを断っていたが、私はとうとう学校を辞め、本部での教員と管理職のコーチとして、ニューヨーク中の学校で働く大人たちを指導する立場になった。ところが4年後に活動費が打ち切られると、他に自分の目的に合った仕事を見つけられなかったこともあり、公教育そのものを離れ、自分がやりたい仕事ができるよう会社を立ち上げた。今、私は会社の目的――教育の現状に、「もしも、こうだったら?」という大胆な質問をぶつけ、挑戦する――を基準に、どんな仕事をするか、誰のための仕事をするか、さらには、自分の時間をどう使うか、といったことを決めている。

あなたのターン

ここまで、かなりの時間を教師個人の目的について考えるのに費やしてきたが、組織にも目的はある。ところが、個人の目的と勤めている学校または学区の目的との関係性が複雑な場合がある。そしてこの2つの目的が合っていないと、バーンアウトや他のかたちで仕事に対する困りが生じる可能性が高くなる。つまり、**バーンアウト対策のカギは、自分の目的と似ている、あるいは補完し合える目的を持つ組織で働くことだ。**

自分と組織の目的が合うかどうかは、重要かつ基本的なことだ。しかし、多くの教師にとって、カリキュラムや指導方法、プロフェッショナル・ラーニングは多少コントロールが利く一方で、働き先を選ぶ自由は少ない。また、自分の目的が、同僚や上司、コミュニティの目的と合っているかどうかを検討した結果、気づきたくなかったことに気づいたり、難しい決断に迫られたりする場合もある。そのため、この章が問いかけることへの答えは、必ずしもその実現が容易ではないことを先に伝えておきたい。

自分の目的と合っていない環境で働いている人は、バーンアウトする可能性が高い。苦しみたくない場合の（生徒や同僚、愛する人をも巻き込んでしまうかもしれない）、選択肢は4つ。

1. 何もせずに苦しむ。
2. 自分自身のことで変えられることを変える――マインドセット、態度、感情、スケジュール、優先順位、など。
3. 自分の持ちうる影響力を駆使し、今いるコミュニティの変えられるところを変える。
4. 自分と同じ目的をもったコミュニティを探す。

次に出てくる質問やエクササイズは、あなたと、あなたが現在または将来的に働く予定の学校の目的がどのくらい合っているか、さらに、合っていないところにどう取り組むかを考える上で役立つはずだ。

目的について振り返る

第1章の終わりで明確にした自分の目的に戻り、次の視点から改めて考え直してみよう。

- 自分の目的と自分が勤めている（あるいは、勤めようとしている）学校・組織の目的は、合っているだろうか？　積極的に新しい仕事を探しているという人にも、今の仕事についてじっくり考えている最中だという人にも、考えてみてほしい。
- 合っていると答えた人は、なぜ、そう思ったのだろう？　合っている場合、とくに合っているところ、あるいは、やや危ういと感じるところは？　あなたの目的と学校または組織の目的は、お互いをどんなふうに補完し合っているだろうか？　学校の目的は、どうやってあなたを成長させてくれる？　あなたの目的は、どうやって学校を成長させられる？　予見できる課題や対策はあるだろうか？

● 合っていないと答えた人は、なぜ、そう思ったのだろう？ 自分自身または学校のことで、自分にコントロールできることはある？ その仕事を引き受けた、あるいは続けた場合、自分と学校の目的が合っていないことが、自分や自分が愛する人、同僚、生徒たちに与える影響は？ 少しでも合っているところや、強化できそうなところは見つけられそう？ 一緒に目的のあるコミュニティを作れそうな、同じような考えをもっていそうな同僚はいないだろうか？

⁘ 役職ではなく、人

この章で私たちが強調してきたことは何か、覚えているだろうか？ 学校は、役職ではなく人で作られている。新しいスキルを身につけたり、知識を増やしたりするのはいつでもできるが、マインドセットや価値観、信念を変えるのはそう簡単ではない。

● 人として、また、教師として、あなたにとってもっとも大切なことは？ あなたの個人的な使命やビジョン、基本的価値観は？　あなたの学校の使命やビジョン、基本的価値観は？

- あなたが採用への応募者として、あるいは採用する側のメンバーとして経験した採用プロセスとは、どんな感じだっただろう？
- 優先順位が高く感じられたのは、人と役職のどちらだっただろう？　それは何を意味していたのだろう？

私たちは、役職より人を優先すべきと考えているため、デモ授業でもっとも重要なのは（もし、――いや、とくに！――そのデモ授業がうまくいかなかった場合は）、授業後の検討協議だと思っている。**授業をした採用候補者と雇用側が、生徒の学びの軌跡を探ったり、デモ授業で繰り広げられた学習の強みや課題を検討したり、生徒がより深く学べるようにするためにできることを見つけたりするよい機会になるから**だ。このようなリフレクションの話し合いは、面接でありがちな仮定のシナリオについての質問よりよほど信憑性がある。さらに、本心からの（に見える）マインドセットや信念、価値観を浮き彫りにする貴重なチャンスでもある。雇用側や採用候補者が、このリフレクションのチャンスを省略しようとしたり、それを渋る態度を取ったりする場合は、危険信号だ。

採用を目指すには

採用プロセスでは、雇用側に権力が偏っているケースが多い。とはいえ、**彼らがあなたに面接をしているのと同時に、あなたも彼らに面接をしていることを忘れないでほしい。**あなたを採用したければ、彼らは自分たちがあなたに合っていると考える理由を理論的に説明できなければならないし、あなたも彼らを評価する必要がある。彼らの目的があなたの目的と合っていること、その他のあなたにとって重要な基準をクリアしていることがわかるよう、十分な下調べと質問の準備をしておこう。そして、その学校が自分に合っていると感じる場合は、それが雇用側にも伝わるよう、自分の知識や指導経験をアピールするだけでなく、自分と学校の目的が一致していることや、よりよい学校にするために自分がどう役に立てるかを明確に伝える方法を考えよう。

- あなたの経験上、採用プロセスにおける使命やビジョン、基本的価値観の役割は？　それらがもつ意味は？
- あなたが、スクール・コミュニティに期待していることは？　今、あなたの目的を満たすために必要なのは、どんなコミュニティだろう？
- 学校の目的とあなたの目的の相性がいいとわかる方法は？
- 自分が採用されたいと思っている学校を評価するには、何を見て、聞く必要があるだろう？　採用プロセスには、評価対象として、どのようなアクティビティや成果が含まれるべきだろう？
- その学校は、公正性や平等性、多様性、インクルージョンを重視している？　そう思う理由は？　学校の人種差別解消に向けた取り組みの有無とその影響は、どこに表れているだろう？

これらの質問は、付録の『就職活動準備ツール』にも載っている。親しい、信頼できる同僚に頼み、一緒に取り組んでもらうことで、彼らが思う、あなたにぴったりの学校像を知ることもできる。

変わるのは難しい

すでに書いた通り、この章の内容やリフレクションの質問は、あなたがどこで誰と仕事をするかについて、不愉快な気づきがあったり、難しい決断を迫られたりする場合もあるだろう。とくに今の学校の生徒を愛していたり、スクール・コミュニティに対して忠誠心や義務感、責任感を持っていたりする場合、「変わる」ことは大きな精神的苦痛を伴う可能性もある。でも、仮にそうであったとしても、バーンアウトの原因が職場にあり、自分で自分にプラスの変化を起こす権限がもてていないのだとすれば、今後も教師でい続けるために、変わる価値はあるはずだ。

管理職のターン

管理職として、学校の全職員に投資し、彼らを大切にすることが必要不可欠だ。彼らの目的が学校のビジョンや使命と合致している場合は、なおのこと手放すのは惜しい。**彼ら自身が感謝され、見守られ、エンパワメントされていると感じられるよう努める必要がある。**その方法はいくつもあるが、ここでは、採用プロセスを通して今いる職員をエンパワメントしながら、採用者の定着化や早期戦力化を図る方法について説明したい。それを読み、あなたが採用プロセスを通して、自分の使命やビジョンに基づいて学校全体をエンパワメントし、刺激し、成長させる方法を学んでくれることを願っている。

個々をつなげ、探究する場をつくる

あなたの学校をサポートする一番の方法は、部下あるいは同僚の教師が自分のアイデンティティについて、そして、それが教師という職業に与える影響について振り返る場を作ることだろう。また、リフレクションに取り組む教師たちを効果的に先導するには、管理職自身が自分の人種的アイデンティティと、それが自分の人生および教師、あるいは管理職としての仕事に与える影響について、明確かつ正直に理解している必要がある。これらが可能となる場を作る、確実な方法をいくつか紹介しよう。

● 対話する。まずは、あなた自身の経験を話す。このとき、あなたの人種を明かし、他の職員が自分たちの人種について話しやすくなる空気を作ろう。同時に、あなたの人種がスクール・コミュニティにおけるあなたの立場に与える影響についても理解できるようになるはずだ。こうしたリフレクションは、管理職が手本を示すべきだ。

● スクール・コミュニティの大人なら誰でも参加できる月次ミーティングなどで、ディスカッションのファシリテーションができるようトレーニングを受ける職員を選ぼう。

付録の『公平性に関する対話の準備シート』に、コミュニティが反人種差別に取り組むサポートをするのに役立つ質問がいくつかあるので、参考にしてほしい。また、学校としての公平性のスタンスを主張する方法については、第1章の最後にある「公平な立場を主張する」を参考にしてもらいたい。

自分が探しているものを知る

多くの理由から、学校は「不足」への恐怖に支配されている。とくに時間とコピー用紙、お金、場合によっては教室、しばしば「いい」教育課程などが、いつも不足しているように感じられる。そのため、とくに雇用に関しては、より切羽詰まった行動に出てしまいがちだ。

「どうしよう、数学の教師が足りない。この候補者の心臓、動いてるよね？　よし、じゃあ採用しよう！」

ところが、もし学校が確固たる目的をもっていて、それを達成しようとする強い意志――使命やビジョン、基本的価値観、など――があれば、それが判断基準となる。本当に大切なことに忠実であり続けることが、より簡単になるはずだ。**本当に大切なこととは、あなたの生徒とスクール・コミュニティにとって最適な教師を見つけるこ**

とに他ならない。たとえば、学校の目的が、「生徒の中に、学習に対する喜びに満ちた愛を育てる」なら、喜びに溢れた／喜びを育むことができる／喜びを大切にしている採用候補者を選べばよい。そうでない候補者は、その学校には合わないということになる。

新しいメンバーを迎えたいと考える学校または組織は、有力候補者への基準を明確にする必要がある。その基準とは、単純に欠員が出ている学年や教科、必要資格や経験年数だけではなく、学校または組織の目的に基づき、あなたのコミュニティにいてほしい、あるいは必要だと感じる資質を重視するべきだろう。もちろん前者のような条件も大事とはいえ、そればかりを優先したのでは、条件は満たしているものの、それ以上の意味でコミュニティに適しているとは言えない候補者を採用してしまうリスクがある。採用プロセスは、すべての生徒の利益となる、変革をもたらすラーニング・コミュニティを育てる長期戦略の要素の一つだということを忘れてはいけない。

● あなたの将来のビジョンを実現するために、今あなたのコミュニティに必要なのは、どんな人たちだろう？

- あなたの学校の使命やビジョン、基本的価値観は、採用条件と合っているだろうか？
- 候補者の目的があなたの学校に合うとわかるには、どうすればよいだろう？
- あなたの学校のことで、採用プロセス中の候補者に学び、理解してほしいことは何だろう？　また、どうすれば彼らが理解できたことを確認できるだろう？
- 候補者を評価するには、何を見て、聞く必要がある？　どんな成果物またはアクティビティを採用プロセスに取り入れるとよいだろう？
- あなたの学校の職員は、生徒のアイデンティティや抱える背景、経験を、どのくらい反映しているだろう？　生徒と職員の人種的・民族的アイデンティティのバランスが取れていない場合は、何が原因でそうなっているのだろう？　採用するときに、公平性や平等性、多様性、インクルージョンを重視するには、何を変える必要があるのだろう？

変革のプロセス

人を雇うという行為は、学校と管理職に、予想される欠員や予算に基づく判断が求められる、非常に困難で、もどかしい作業だ。時間を無駄にしたと思わずに済むためにも、今いる教師によい影響を与えられるプロセスでなければならない。実際に、メレディスの学校で行っている採用プロセスを紹介しよう。まったく同じようにはできないかもしれないが、少なくとも自分の目的に合った採用プロセスを策定するヒントになれば幸いだ。

さらに、学区の方針や教員労働組合契約、その他さまざまな要因で、地域によって採用プロセスが異なることは理解している。これから紹介する例を参考に、あなたに何がコントロールでき、また、どの部分なら取り入れられそうか、考えてみてほしい。利用できそうなものは利用し、真似するべきところは真似しよう。

付録の『持続可能な採用プロセスのための計画ツール』に、採用プロセス策定のためのチェックリストと面接の質問の例が載っているので、参考にしてほしい。

1. 採用委員会を作る。
2. 採用委員会の採用方針を、学校の価値観および使命と統一させる。
3. 求職中の教職員向けに学校説明会を開催する。
4. デモ授業と授業後の検討協議、面接を実施する。
5. 他にもステップが必要な場合は加える。
6. 適切な人材を採用する。

次に、メレディスがこのプロセスを通して学校全体をエンパワメントしている方法を詳しく紹介しよう。

採用委員会を作る

採用委員会を作るとき、メレディスがまず思い浮かべるのが、主任教諭や主任教諭になれそうな教師たちのことだ。さらに、欠員が出ると予想される教科や学年のことも考え、できる限りそのチームからも委員会メンバーを選出する。委員会の人数は、予想される欠員の数による。メレディスが採用委員会のメンバーに指名するということは、彼女がその教師の考えを尊重し、学校の今後について意見を聞きたいという期待の表れでもあり、この機会を利用して、**「今後も学校に深く貢献してほしい」と教師たちをエンパワメントしている**のである。

委員会の基準を統一する

採用委員会を設置すると、メンバー同士で、自分が教師として一番大事にしていることについて話す素晴らしいチャンスになる。さらに、あなたが彼らの価値観を知り、それが自分の価値観と合っていることを確認する機会にもなる。たとえば、メレディスが採用候補者に求めるのは、「自らを振り返ることができ、フィードバックを前向きに受け入れ、文化に対応したカリキュラムの重要性を認識し、反人種差別主義で、アメリカの教育システムの、人種差別を促進する構造を壊そうとする姿勢が見られること」だという。

このような価値観について、採用委員会と率直な対話をすることには大きな意味があり、委員会と学校、そしてリーダーとしてのあなたとを結びつけてもくれるはずだ。メレディスは、常に開かれた、何でも正直に言い合えるコミュニティづくりを目指していて、**採用委員会は、そうした価値観や使命についてオープンに語り合える場所**になっている。このような委員会のメンバー同士での会話は、大きな力となる。彼らが学校について明確に説明することができれば、採用候補者たちは、あなたの学校を深く理解し、十分な情報をもとに内定を受けることができる。

求職中の教職員向けに学校説明会を開催する

多くの場合、学校管理職のもとには何百通もの履歴書が送られてくるが、それだけでデモ授業や面接を行う候補者を絞るのは困難だ。そこで重要なのが説明会だ。候補者が住んでいる場所や学校の状況によって、対面でもオンラインでもよい。説明会では、職員が各候補者に同じ質問を用いて15分間の短い面接を行う。この面接が、候補者が学校の価値観や使命に共感できるかどうかを見極める、最初の機会となる。その後、対面での説明会の場合は、生徒による校内見学ツアーを実施し、次のステップへ進む前に生徒から彼らに対するフィードバックをもらう。そして、採用委員会でメンバーと生徒から得た意見について話し合い、次のステップに進む候補者を決定する。採用委員会にとっては、再び意思決定を任され、管理職であるあなたが教師に求める価値観について話し合う機会になる。説明会の参加者数によっては、多くの教師に面接に協力してもらわなければならない場合もあるため、メレディスは、説明会に先立って委員会メンバーの基準を統一するための、短いミーティングを行うようにしているという。

デモ授業、授業後の検討協議、面接

説明会を通過した候補者は、デモ授業、授業後の検討協議、面接へと進むことになる。候補者と学校のどちらにとっても極めて重要なプロセスであり、管理職にとっては教師と指導について話す機会にもなる。教師と候補者はまだ何の関係性もないため、彼らの成長の機会にもなるし、学校の新しいメンバーを探すことができる。つまり、個人的なつながりがない候補者の授業について自由にフィードバックできるため、**彼らが指導についてどう考えているのかを知るには好都合**なのだ。候補者の授業の強みや改善点を話し合う機会を作りつつ、メンバーが自分自身の改善すべき点についても考えられるよう導こう。内容をできるだけ具体的にし、あなたが彼らの指導技術をさらに育もうとしていることが伝わるようにしたい。

次のステップを固める

デモ授業と面接が終わったらすぐに採用者を決められる場合もあれば、そうでない場合もある。例えば、続いて指導計画の会議に出席してもらい、彼らが他の教師と一緒に教材を作る様子を観察したり、他の利害関係者たちに会わせたりする場合もあるかもしれない。次のステップが何であれ、よく考えること、そして、直感を信じることが重要だ。欠員を埋めるのが困難な教科や学年、役職では、咄嗟に候補者を逃したくないと考えてしまうかもしれない。そうであったとしても、確信が得られないのであれば、自信を持って採用できるまで時間をかけるべきだ。また、とくに魅力を感じた候補者に対しては、それをオープンに伝えよう。彼らが「この学校から興味をもたれているかわからないし…」と、他の学校やポジションに行ってしまわないようにしたい。

適切な人材を採用するには

採用委員会が、チームに適した人材を、本採用する候補者として絞ったら、彼らのレファレンスを照会して予算を確保し、雇用する。

非常に時間のかかるプロセスではあるが、そのお陰で適切な候補者を選出できる。しかも、候補者にとっても、あなたが彼らの経験を高く評価し——この仕事においては当然だが——採用活動に真摯に取り組んでいることが伝わるはずだ。候補者にとって効果的な採用プロセスを構築する方法をいくつか提案したい。

- 候補者に対して、採用プロセスについての透明性を保つ。ほとんどの候補者は、これほど長いプロセスになると思っていない。彼らが、自分が今どのステップにいて、あと何ステップあるかを知ることができるようにすることが重要だ。

● デモ授業では、候補者に具体的な時間枠を示そう。デモ授業の題材には、候補者が心から教えたいと思うことを選んでもらうといい。そうすることで、彼らがどんな教師で、どんな授業計画を立てるのかを明確に掴むことができる。また、授業を行う学年は伝える必要があるが、生徒に予備知識があるかどうかはさほど重要ではない〔アメリカでは採用のデモ授業はその学校に来てもらって行う〕。それよりも、授業計画の内容のほうがずっと大事だ。

● 場合によっては、授業後の検討協議がデモ授業より大きな意味をもつこともある。フィードバックに対する候補者の反応を見ることができるからだ。それがこれまで見たことがないような素晴らしいデモ授業だったとしても、反応を見るために、きちんとフィードバックは行う必要がある。

● あなたが候補者について知ろうとしているのと同じように、候補者も、あなたを面接し、あなたの学校について知ろうとしているのだと覚えておこう。

管理職のためのリフレクションの質問

採用プロセスのあいだ、あなたの思考を導いてくれる質問がもういくつかある。

- その採用プロセスは、あなたのスクール・コミュニティをエンパワメントし、より多くの意見を引き出すと同時に、彼らが学校のビジョンや使命とより深くつながる時間を与えられる内容になっているだろうか？
- その採用プロセスには、学校と候補者が、ともに学校のビジョンと使命についてよく考え、つながる余地があるだろうか？
- 候補者は、あなたのビジョン、使命や基本的価値観を評価する機会を与えられているだろうか？
- 教師が学校に合っていない場合は、どうなるのだろうか？　不採用とする場合は、どのような手順が必要だろうか？

“ベンチ”の空席を埋める

今日明日のために人材を採用しなければならないというニーズはもちろん切実なものだが、**未来の教師を育てることも、同じくらいか、それ以上に大切**だ。その学校をよく知り、チームと同じ目的をもった教師、自信とやる気に溢れた教師が控える“ベンチ”や、そうした教師を確保するためのパイプラインを作る方法を考えよう。これは、常に変化・成長し続けるラーニング・コミュニティを築くための長期的戦略でもあり、非常に重要な営みだ。例えば、かつて補助教員や授業補佐、学校助手、自分たちの教え子だった人々が、素晴らしい教師や管理職となる可能性もある。次の質問を読んで、すでにあなたの周りにいる人たちのうち、教師になり得る人について、また、彼らを教師に育てる方法を考えてみよう。

- あなたの学校やそれ以外のコミュニティに、素晴らしい教師になれる素質をもつ人はいないだろうか？

- 彼らが、生徒の必要とする教師になるために、あなたにできることは何だろう？
- “ベンチ”の教師を増やし続けるのに役立つ、学校の連携先はあるだろうか？なければ、あなたが作ることはできないだろうか？

たとえば、あなたの学校では、地域の教育学や教員養成を専門とする大学院や研究科から実習生を迎えているだろうか？　その場合、実習生を担当する教師は、彼らを「将来、同僚になり得る存在」として見ているだろうか？　また、実習生に学校の目的を伝えていくことが、自分の責任であると理解できているだろうか？　あなたは、実習生がいずれ教師としてあなたの学校で働くことを想定した上で、彼らを配置しているだろうか？

付録の『職員の学校との関わり度診断』を使い、教師たちがスクール・コミュニティにより深く関わり、リーダー的役割を果たす機会を増やそう。

Chapter 7

Nourishing Your Network

「チーム・あなた」をつくる

「メンターや指導者、自分を支持してくれる人がいるというのは、私の人生を通して、ものすごく重要なことです。自分自身を信じることができない生徒を教師が信じているというのは、その子の人生の軌道を変える、とても力強い方法です」

——2008年卒、マイケル

この本の読者なら、私たちに言われるまでもなく、教師という仕事を一人で遂行することがいかに大変かはわかっているだろう。あなたをサポートし、励ましてくれ、目的を見失いそうになったら軌道修正してくれる仲間の存在は、必要不可欠だ。前の章では、働く場所を選ぶことに焦点を当てたが、この章では、誰と働くか——あなたが自分をサポートしてくれるネットワークに選んだ対人関係——に注目したい。あなたが自分の情熱や目的に忠実であり続けるために必要な人とはどんな人だろう？　その人と、どのように関わるべきなのだろう？

自分をサポートしてくれる仲間を作るのに加え、あなたからのサポートを必要とする人のことを考えることも必要だ。メンターやコーチ、リーダーといった追加の責任を引き受けるのは、バーンアウトが心配な人にとっては、時間とエネルギーのさらなる消耗に感じられるかもしれない。ところが、培ったものを教育コミュニティに還元することが、還元する側とされる側の双方に利益をもたらすこと、つまり教師の仕事への投資になることがわかった。つまり他者をサポートするという行為は、ただの親切や自分が誰かから受けたそれへの恩返しというだけでなく、第一に自分が教師という職業に情熱を持つようになったきっかけを思い出させてくれる経験でもあるのだ。

そうした、教師の専門性の真髄を成す活動にエネルギーを注ぐことで、今いるコミュニティを、より関わりたいと思えるものにしていける。本書ではこれまでに何度も、自分がコントロールできる範囲に気づき、自らの変えられるものに責任を持つという話をしてきた。在籍するコミュニティにおいて主体的に他者に働きかけ、サポートすることで、自らのコントロールが及ぶ範囲を広げることができる。それができれば、**自分だけでは対処しきれなかった問題を解決することや、新たな挑戦をすることも可能**になる。

この章のリフレクション

メレディスのターン

レベッカのターン

キャリアを通して支えとなった個人的または仕事上のネットワークのこと。メンターとの関係を意図的に深めた方法。

メレディスのターン

部下や同僚にとって必要な、支えとなってくれる仲間を見つけるために、学校や管理職にできること。

この章のポイント

・あなたが自分の目的にあった生き方や働き方ができるようになるために、仕事におけるサポート・ネットワーク「チーム・あなた」をつくる方法。
・自分の考えを主張して必要なものを手にいれつつ、それが軋轢やネガティブな感情を生まないようにする方法。

管理職のターン

教師のためのラーニング・コミュニティを育むことで、部下や同僚を総合的にサポートする方法。

メレディスのターン

真の刺激を与えてくれる人の妹として

私は、成功のカギは人間関係にあると心から信じている。あなたのやる気を引き出し、よりよい人間になるよう後押ししてくれる人たちの中に身を置くことができれば、最高のあなたになり、人生を通してチャンスを切り開いていけるはずだ。

私が唯一ずっと尊敬していて、どんな困難に直面したときでも必ず助けてくれるのが、兄のジャスティンだ。彼は私より３つ年上で、もちろん喧嘩もたくさんしたが、子どもの頃の思い出は数え切れないほどたくさんある。レスリングごっこをしたり、テレビでレスリングを観たり、カリフォルニアに住んでいた頃は夜に泳ぎに行ったり、それぞれ初めてのぬいぐるみを買ってもらったときは、お互いの部屋に泊まったり。そうしたすべての関わりの中でずっと、ジャスティンは私を信じてくれ、人生におけるさまざまなことを教えてくれた。

これまでずっと、私は兄を追いかけてきた。高校では、兄が模擬裁判にのめり込んだため、もちろん私もチャンスが訪れるなりそれに参加した。彼がフローズンヨーグルト店でアルバイトを始めると、私もアルバイトができる年齢になり次第すぐに面接を受け、そこで働き始めた。そんなふうにして、兄がやることは、すべて私もやった。ただし、大学は違うところに行ったほうがいいと自分に言い聞かせ、兄が通っていたバーモント大学に似ているという理由で、ニューハンプシャー大学を受けることにした。ところが、出願の手続き中に、ニューハンプシャー大学には教育学部がないことに気づき、結局バーモント大学を受け、またもや兄を追いかけるかたちで同大学の学生となった。在学中はたまに一緒に夕食を食べることができ、落ち込んだり悩んだりしているときは、支えになってくれた。

今でも、マイク（私の夫）とヘレン（私の義理の姉）は、私かジャスティンが電話をしていると、どうせまた兄妹で話しているんでしょう、とからかうくらいだ。

朝の通勤中、電車を降りて学校へ向かうあいだに、兄に電話をすることがよくある。話すとエネルギーが湧き、最高のリーダー、最高の教師になれるよう努力を続けよう、と思えるのだ。**兄は私に、本当の自分を大切にすることを教えてくれた。だから私は、日々、生徒も同じように愛され、支えられ、大事にされていると感じられるよう努力**

している。

家父長制規範への挑戦

私は、自分をサポートし、最高の自分になれるよう――つまり、生徒や職員のために学校に行けるように――後押ししてくれる家族に恵まれ、とても幸運だと思っている。夫のマイクにディナーに連れ出され、結婚を申し込まれ、さらに、その後何年か教師を続けたあと、子どもを作れるよう管理職に就くことを考えてはどうかと提案された日のことを、私は一生忘れないだろう。そして実際に私が校長になると、夫は、フルタイムのスポーツ動画編集者を辞め、同じ会社でフリーランスとしてのパートタイムに切り替えた。そうやって自分が家事を多く引き受けることで、私が仕事に専念しつつ、忙しくて帰りが遅くなるときでもマックスとルーク（私たちの息子たちだ）の世話を心配しなくてもよいようにしてくれたのだ。

マイクが自分の仕事の目標を犠牲にしてまで私の夢を支えてくれたことに、心から感謝している。彼は、私が仕事と家庭のバランスを取れるようにしてくれた。よく2人で、**「我が家は家父長制の規範とはほど遠いね」**という話をした。たとえば、我が家では掃除や炊事、子どもたちの学校の送迎、宿題の手伝いなどは、ほとんどマイクがやっている。今住んでいるボールドウィンに引っ越してきてすぐ、バス停でとあるママさんに出会い、ルークによさそうな保育園の情報を詳しく教えてもらった、と彼が興奮気味に話してくれたのを覚えている。その後すぐその保育園に電話をかけ、見学し、ルークの入園を申し込んだのだった。このバス停で出会ったママさんは、のちにボールドウィンでの私の親友の一人になった。今は、マイクが息子たちの友達のママたちに連絡し、子どもたち同士を遊ばせることがよくある。私がこうして管理職をできているのも、家族それぞれに充実した生活を送れているのも、すべてマイク、マックスとルークの愛情とサポートがあるからだ。

あなたを信じてくれる人の力

大学2年生のとき、私の可能性を見出し、それに私自身が気づけるよう導いてくれた教授がいた。カーン教授といい、バーモント大学にいた4年間で彼女の授業を二つ受講した。一つ目の授業は大学と近所の中学校で週に1度ずつ行われ、中学校では、放課後に生徒に勉強を教えるという内容だった。年下の生徒と関係を築く初めての経験だったこともあり、果たして自分がよい先生なのかどうかはわからなかった。ところが、カーン教授は何か感じたものがあったらしく、今度は自分の授業で助手を務めてみないかと誘ってくれた。

その二つ目の授業は、再び同じ中学校へ行き、学生が中学生に、どうすれば小学生に読み書きを教えられるかを伝授するという内容だった。私は助手として、中学生がちゃんと教えられるよう準備を手伝い、先生役の中学生と教わる役の小学生のマッチング、さらに、中学生とそれをサポートする学生のマッチングもしなければならなかった。

このとき、カーン教授が、母が生きていたらそうしたように、私を信じてくれていると感じたのを覚えている。教授は感じがよく、**どの学生にも自分は特別な存在なのだと思わせてくれた。**そういうところも、母を思い出させた。彼女は、私に自分が未来の教育者とリーダーになれる可能性があると示してくれたのだ。

さらに、教師になって最初の2年間で、私は二人の素晴らしいメンターに恵まれた。学区が私の担当につけてくれたウォーカー先生と、私が自分で見つけたメンターのフラー先生だ。二人とも女性で、まったく違うタイプだったが、ともにリーダーとしても、教師としても、さらに女性としても素晴らしく、私は彼女たちをあらゆる面で尊敬し、いろいろなことを吸収させてもらえた。

教師経験もその土地とのつながりもなかった私にとって、その2年間は、とにかく学ばなければならないことだらけだった。信号が一つしかない、教会や人種によって分けられたトレーラーハウスがたくさんあるような町に住むのは、初めてのことだったのだ。そのため、2人のメンターから授けられた知識とサポートは、私を地域とつなげ、教師としての成長に大きな影響を与えた。

その後、ノースカロライナ州からニューヨークに移っても、私はまだ、自分を教え導いてくれる存在を探していた。同僚のところへ行けば、「何か知りたくて質問しにきたか、授業の話をしにきたんだな」とすぐに理解してもらえるほどだった。

そして今の学校に来てからは、ローレンスという素晴らしいリーダーの下で仕事ができたことを、とても幸運だったと思っている。私は、ローレンスからフィードバックをもらえる機会を、いつも大切にしていた。なかには今も心の中に残っているものがいくつかあり、部下や同僚に同じアドバイスをすることもある。自分が教室の中のどこにいるかを常に認識しておくこと。生徒の名前を呼ぶときは少し離れたところに立ち、彼らが大きな声で答えるよう促すこと。そして、授業中はずっと同じところにいるのではなく、教室内を動いて回りながら教えること。さらに、私が授業についていつでも相談できるよう、彼の部屋のドアは常に開いていた。ローレンスの私への信頼は、私を成長させ、リーダーとなった今も見習わせてもらっている。

また、副校長に就任したときは、当時の校長であるマットが、常にリーダーとしての私に信頼を寄せてくれていた。私自身が気づく前に、私の隠れた願望やスキルを見抜いていた彼は、リーダーシップ・コーチのケンにつないでくれた。ケンは、それまでのどのメンターより厳しかったが、彼の指導を受けた2年間で私は成長し、とくに「自信」がついたことは大きかった。ケンとのセッションからの帰り道ではいつも、頭が脈打っているかのように感じた。セッションの内容を受け、自分のリーダーシップのスタイルやコミュニティにもっとも大きな影響を与える方法について考えながら帰っていたからだ。彼は、私なら学校を成功へ導く校長になれること、生まれながらに校長としての才能があることを教えると同時に、私がそのことに気づく手助けをしてくれたのだった。

チームを育て、管理職の成長を手助けする

校長の私には、在籍する教師たちや私を支え、原動力となってくれる管理職や管理部門のメンバーがいる。彼らの存在は、私が校長として皆を率いる強さを持ち、学校がよりよい教育を提供できるよう努力し続ける上で、絶対に欠かせない。また私自身、**管理職チームの情熱を見つけ、彼らが自分たちの目的に合った取り組みができるよう力を注いでいる。**

たとえば、給与計算と購買の事務を担当するエミーは、いつでも決められた以上の仕事をこなしてくれる。毎朝、私たちは声をかけ合い、今日もお互いに学校全体を引っ張れる心と体の状態にあることを確認し合う。彼女は生徒や職員の力になるべく、

ニューヨーク市教育局が定める教育制度をすべて学ぶなど、成長するための努力を怠らない。

次に、私たちの学校の創立メンバーのアクセルは、私がこの学校に来たときは学生部長〔校則規定や学校事務に関わる職務〕でありながら、学校の経営管理に携わりたいと考え、勉強していた。ところが学校の規模が小さく、経営管理職を置いていなかったため、彼の専門性を生かしながら学校のニーズに応えることもできる、新しい役職を作ることにした。

そして最後に、私が副校長になったときに個室を共有することになったのが、データスペシャリストのジェフだ。彼と同室になったことは、管理職1年目だった私にとって最高の機会となった。彼が管理職の視点からさまざまなことを教えてくれたお陰で、無事に現場教師から副校長になれたのだと思っている。その後、彼が大学に戻って進路指導教員の資格を取得してきた際は、それが生きる役職を用意することができ、光栄だった。

今、私には、校長として頼れる素晴らしい同僚たちが数多くいる。そして、その素晴らしい教師たちは、私と学校を成長させてくれている。**カギは、自分の周りにいる人たちのことを十分理解し、彼らの強みや情熱を知り、彼らが満たされ、最高の自分**

になれる仕事を与えることだ。私には、支えとなってくれる人たちが実にたくさんいる。毎年メンバーは変わるが、彼らの支えがあるからこそ日々やっていけている教師という仕事はあらゆる面で大変なことが多く、孤独になることだけは避けたほうがよいという意味でも、互いに支え合うことが重要だ。

現在は同僚で元生徒だったアルヴァロとサブリナは、次のようなメールをくれた。

「活気あるコミュニティにするには、互いに理解し合う必要がある。そのためには、常に互いを尊重し、コミュニケーションを取り合い、信頼し合わなければならない。その土台さえできれば、あとは強く、長く続く関係を築くだけだ」

⁘ 私の最高の教師たち

私は昔から人が好きで、困ったときはいつも誰かを頼ったし、可能な限り人を支えることもした。高校時代、苦しいときに元気づけてくれたのは、家族と友人たちだった。それは大学に入ってからも変わらず、私を知っている人なら必ずサムも知っている、というくらいの大親友ができた。私たちは、一緒にいないときのほうが珍しいほどだった。彼女はまるで私の片割れのようで、大学の4年間はもちろん、今なお私の支えだ。たとえば、私が若くして母を亡くしたときにセラピーを探すのを手伝ってくれたのも、大学時代の数々の冒険でいつも隣にいたのもサムだった。他にも私の人生に影響を与えた人は数知れず、今の私を作ったのは、そういった私の人生に関わった人たちすべてだと思っている。

そして、それは教師になっても続いていた。ノースカロライナ州での最初の2年間は、ティーチ・フォー・アメリカでできた友人やルームメイトに、自分の仕事の素晴らしさを思い出させてもらったり、よりよい教師になる方法をよく一緒に考えたりしていた。そして、その後どの学校でも教師たちとよい人間関係を築き続けた。

たとえばタミーとは、とある授業で壮大な課題を一緒に計画した。年度末に設定した課題で、生徒が、その年に読んだすべての本を、私の授業で学んだ歴史上の出来事と結びつける、という内容だった。彼女が常に私を励ましてくれたお陰で、私は自分の意見に自信をもてた。私は彼女と一緒にお酒を酌み交わすときだけでなく、学校でも自分の考えを述べられた。

アナとレベッカ、ニナとは、今の学校で出会った。当時、教師になって3年目だった私が、隣のクラスをもっていた1年目のアナのメンターを任されたのだ。ところが、彼女を手助けし、指導するつもりが、実際は彼女が私に助けを求めるより、私が彼女に助けを求めることのほうが多かった。その後、彼女とは同じ頃に管理職になり、今もずっとお互いを支え合う仲だ。

この本を共に書いているレベッカとは、同じ学校で8年間過ごし、一緒に主任教諭を任されるという素晴らしい機会に恵まれた。私たちの教師としてのスタイルは全く違ったが、生徒が愛情を感じられるように接するという点が一致していた。生徒に対するレベッカの高い期待にはいつも感銘を受けた。一緒に校内研修プログラムを作り、他の職員たちのメンターをしたときは、自分の学習指導を向上させ、生徒の課題への取り組み方を発展させられる計画の立て方など、多くを学んだ。

さらに、ニナと長いあいだ、ともに仕事ができたのも幸運だった。何年も一緒に教師をしていたが、私が副校長（現在は校長）に就任したときに彼女の指導係になり、互いの真の友人になった。彼女は、私が出会った中でもっとも情熱的な人で、彼女の情熱とエネルギーは必ず他の人たちにも伝染した。そのため、叱咤激励してくれる人やソートパートナーが必要なときは、いつもニナを頼った。その上、同じタイミングでバーンアウトし、一緒に乗り越え、再び生徒とつながるという経験もした。

彼女たちは、仕事や私生活で私に影響を与えた友人や同僚たちの中の、ほんの一握りに過ぎない。もし、私の人生に関わってくれたすべての人について書こうとしたら、それだけで1冊の本になってしまう。ここでの目的は、**教師とは全力で取り組まなければならない職業であり、そのためには自分を支えてくれるチームの存在が必要であることを理解してもらうことだ。**そのチームは、学校の中と外のどちらにあっても構わないが、**絶対に、あなたが自分と自分の目的に忠実であり続けられるよう、助けてくれる人たちでなければならない。**

「チーム・あなた」

２０１３年、私は数年にわたる妊活ののち、ステージ４の子宮内膜症と診断された。残念ながら、西洋医学ではこの病気の原因も治療法もわかっていないため、私は他の治療法を探すことにした。そして、２人のはり師にアーユルヴェーダ流ヘルスコーチ、理学療法士、カイロプラクター、マヤ文明マッサージのセラピスト、あらゆるヨガ講師たちに救いを求めた。そのあいだに、お気に入りのフィットネス・インストラクターとかかりつけのセラピストができ、私のパートナーは、彼らを「チーム・レベッカ」と呼んだ。

あなたにも同じように、**教師としてのあなたを支えてくれる、「チーム・あなた」が必要**だ。教師としての私を支えてくれたコミュニティは、私の教師生活20年のあいだ常に変わり続けていた。そのときの私が教師としてのキャリアのどのあたりにいたかや、自分の目的に忠実でいるためにその時々で必要なものによって、変化し続けたのだ。また、そのコミュニティにいる人々も、ともに変化・進化してきた。まずは、メンターやコーチ、教師、セラピストといった、私が教わった人たちのコミュニティ。次に、仲間や同僚、友人、協力者など、共に学ぶ人たちのコミュニティ。そして最後が、メンターやコーチとして指導する相手、従業員、生徒を含む、私が教えた人たちのグループだ（このコミュニティの分け方は、タイ・ロペスの『33パーセントの法則』〔人は「自分と同じレベルの人たち」、「自分より上のレベルの人たち」、「自分より下のレベルの人たち」の3つのグループの人たちと過ごすべきであるとするもの〕を真似させてもらった）。

関係性が変わったことで別のコミュニティの移動はあったものの、付き合い自体は変わらずに20年に及ぶ人たちもいる。たとえば、出会った頃のレイチェルは教師1年目で、私は彼女のメンターだった。それが親友、協力者、そして仕事上のパートナーへと変わり、もう何年ものあいだ、彼女は「過去に自分がメンターとして指導した1年目の教師」ではなく、「一緒に学ぶ相手」だ。かつてのメンターで、今は私を仲間だと思ってくれている人たちもいるだろう。

誰から学ぶか

私の人生最初のメンターは、11年生で国語を、12年生ではクリエイティブ・ライティングを教えてくれた、リオン先生だ。彼女の授業で校外学習に出かけた先で、きゅうりを山積みにしたトラックを見た私は、きゅうりの視点から『きゅうり物語』というショート・ストーリーを書いた。この『きゅうり物語』は、のちにハーバード大学の入学面接で、書くことが好きだと言ったところ読み上げさせられたこともあった。

リオン先生は、私が文学好きになるきっかけを与えてくれただけでなく、自分が好きだからこそ、生徒にも同じように文学を好きになってもらうことを目標に教える、という手本にもなった。30年近く経った今も、エドナ・セント・ヴィンセント・ミレイの『レクエルド』という詩を読むと、リオン先生が拳を突き上げて、「そして太陽はバケツ一杯の金をこぼしながら昇っていった」（私訳）と読み上げる姿が思い浮かぶ。その同じ詩を読みながら、生徒とスタテン島フェリーで何往復もしたのも、彼女の影響だった。高校生の頃の私は、教師になりたいかどうかはわからなかったが、リオン先生のようになりたいとは思っていた。

リオン先生は、私たち生徒を子ども扱いしなかった。書く題材を探しにマイアミのダウンタウンに行かせてくれたから、というだけではない。それは授業で扱う文学にも表れていた。授業では、自身の破天荒な人生をそのまま綴ることが多かったチャールズ・ブコウスキーや、黒人女流作家のゾラ・ニール・ハーストンを読み、ウィリアム・カーロス・ウィリアムズに関しては、普通の高校生たちのように『赤い手押し車』を読んだだけでなく、『ちょっと一言』〔どちらもごく短いウィリアムズの詩〕も読み、私たちは衝撃を受けた。私は、自分も生徒に衝撃を与えられるような教師になりたかった。彼らが出会ったことのない作品に触れさせ、新しい考え方を示すことができる教師になりたいと思った。リオン先生の授業は、私に生涯続く魔法をかけてくれた。私は、自分の生徒に同じ魔法をかけたいのだ。

私は、教師になってからも、学習者そして教育者として刺激をもらえるメンターやコーチ、指導者に恵まれてきた。最初のメンターのキャロリンは、半分の大きさの紙でプリントを作る方法――150人の生徒に対し、学校から1学期につきコピーは1500枚までと決められていたのだ――から、職員室で怒鳴る先輩教師への対処法まで、ありとあらゆることを教えてくれた。

次に、やはりメンターだったクリステンは、私の授業を3回連続で見学し、授業で私が重要なポイントについて話したときのセリフを一言一句、ノートに書き留め、それを授業後の検討協議で見せてくれた。お陰で、同じ内容を扱っているのに、自分が授業ごとに違う説明の仕方をしていたと気づくことができ、なぜクラスごとに学習成果が異なるのかがわかった。クラスによって説明の仕方が変わっていたとは思ってもいなかった。彼女が私に鏡を向けてくれたことで、自分からは見えない角度で自分の教え方を見ることができた。それから何年もあとに自分がコーチになったときは、クリステンからもらった自分自身を観察する鏡のことを思い出しては、指導する教師にも同じようにすることを心がけた。

主任教諭だったときのコーチのアレキシスは、ある日の終わりに打ちひしがれた顔をしていた私を（他の人たちに聞かれないように）廊下に連れ出し、次のように言った。「やり方を変えるには気持ちを変える必要がある。でも、気持ちを変えるためにはやり方を変えなければならないときもある」。この言葉は、過去10年にわたり、学校や教室を変えるために何をすべきか考え続けている私の頭の中に、ずっと残り続けている。

子どもの頃、セラピーは病気の人や、一生消えないようなトラウマを抱えた人のためにあるのだと思っていた。ところが、その認識は間違っていた。**セラピストは、個人的な付き合いもなければ、私の選択や行動に何の興味もなく、私自身のそのときの気持ちやなりたい気持ち、またそのためにできることに気づけるよう、手助けすることだけを仕事とする、訓練を受けた専門家**だ。そうしたプロと話せたことは、教師という職業を含め、私の人生のあらゆる面に大きな影響を与えた。

教師としてのレジリエンスを維持したいけれどセラピーを利用したことがないという人は、一度は行ってみることをおすすめする。**セラピーを利用するのに、大きな危機に瀕している必要はない。**むしろセラピーとは、あなたが自分の目的に合う生き方ができるためのツールを与えることであり、バーンアウトを含め、危機を事前に防いでくれるものなのだ。

誰と学ぶか

私は、自分が学んだ教師やメンター、コーチたちだけでなく、仕事や私生活で自分と同じようなステージにいた教育者仲間ともコミュニティを作った。そのようにしてできた友人や同僚とのあいだには共通言語があるため、とくに指導や学びについて意見交換をしたいときは頼りになった。

たとえば、ニューヨーク中の学校と連携して、学区全体の教師と管理職のコーチをするチームにいたときは、人生で最高の研修を経験した。今、私がコーチングやファシリテーションについて知っていることの大半は、このチームの責任者や仲間たちから、あるいは、チームのメンバーが利用することができる外部の研修プログラムで学んだ。

クリステンとアレキシスがしてくれたように、他の教師が彼ら自身を客観的に見られるよう鏡を向けることも学んだ。さらに、教師の頃は自分を一匹狼のように思っていたが、教師育成コーチになり、協力すること、共有すること、そして聞くことを学んだ。教師育成コーチの仲間たちは、予定外のことが起きたときや間違えたとき、どうすればいいかわからないとき、授業後の検討協議やリフレクションを通して、あるいは、次に似た状況になったときに何を変えればよいかわかるよう、ロールプレイングもしてくれたこともあった。

誰に教えるか

教員育成コーチのプロジェクトでは、私がコーチングした教師から学ぶことも多く、今ならもっといい教師として教室に戻れるのではないか、などと思いを巡らすこともよくあった。私自身や私の指導法が教師に投影されているのを見て、自分のことをより深く理解し、自分が間違っていたところやその改善の仕方に気づくこともあった。さらに、授業見学を通して生徒の視点から授業を見ることで、どんな大学院のコースや研修のワークショップで学ぶより、学習の仕組みについて多くを学んだ。

人をサポートし、その人の成長を通して自分自身の目的が強化されるという学びは、教育以外の仕事にも役立った。小さな会社の経営者として、自分がやりたい仕事とやらなければならない仕事とのバランスを見つけられず苦しんでいた時期に、全部やる必要はない――どのみち無理だろう――と気づけたのが一番大きな収穫だった。バーンアウトすることなく全部をこなすような体力はないし、心と体のエネルギーと創造力を一度にあらゆる目標や心配事に向けていては、自分の目的に忠実でい続けるのは無理だろう。

私は、自分にとって本当に重要な、得意なものに関連するプロジェクトや活動に集中して力を使ったほうが、より大きな影響を与えられることに気づいた。では、それ以外のやらなければならないことは？ それこそが、私がリーダーとして自分の仕事を理解していなければならない理由だったのだ――つまり従業員たちが、彼ら自身が愛し、得意とする仕事を見つけられるよう手助けし、その分野で彼らがリーダー的役割を引き受けられるようエンパワメントすることこそ、私のやるべき仕事だったのである。

あなたのターン

人プラス目的

第1章の最後で明確にしたあなたの目的に戻って、次の視点から改めて考えてみよう。

- あなたの目的を強化してくれる人は？ その人は、どんなふうにサポートしてくれている？
- あなたが目的を達成するのを邪魔する人は？ その人は、あなたをどんなふうに邪魔している？
- あなたと同じ目的を持っている、あるいは、あなたの目的を補完する目的を持っている人は？
- あなたが目的を達成する手助けをしてくれる「チーム・あなた」に、すでに亡くなった人を含め、誰でも連れてくることができるとしたら、誰を誘う？ その人を選んだ理由は？

● では、実際に「チーム・あなた」に招くことができる人は？　どんなふうに招待する？　彼らと人間関係を築くことで、何を得たい？

「チーム・あなた」について考えるためのフレームワーク

TEDxトーク〔TEDから正式にライセンスを受け、TED同様の体験を共有することを目的として世界各地で独自に運営されているプログラム〕の『私が1日に1冊の本読む理由（そして、あなたも1日に1冊の本を読むべき理由）：33パーセントの法則』（未邦訳）で、タイ・ロペスは、仕事上のネットワークを3つのグループに分けるためのフレームワークを説明している。

1．あなたより経験豊富または成功していて、あなたが尊敬していて、その人から刺激や指導をもらいたいと思っている人たち（メンターやコーチ、教師など）のグループ。

2. あなたと同程度の経験、成功をした人たち（友人やチームメイト、同僚、飲み仲間など）。
3. あなたのほうが経験豊富または成功していて、あなたから刺激や指導をもらいたいと思い、あなたを尊敬している人たち（あなたがメンターやコーチとして指導している相手、教育実習生、大学院生、教員志願者、教師になろうか考えている人、生徒、新たな同僚、1年目の教師など）。

このフレームワークに共感できた人は、自分の職場（職場のコミュニティ）にいるすべての人たちをリストアップし、それぞれのグループに振り分けてみよう。ただし、時間とともに属するグループが変わる人がいることも覚えておくこと（メンターだった人が同僚になる、など）。リストが完成したら、次の質問について考えてみよう。

- リストを見て、気づいたことは？
- リストを見て、驚いたことは？　このフレームワークを通して自分のコミュニティを見つめ直さなかったら、気づいていなかったかもしれないことは？

●リストのバランスはどうだろう？　各グループの人数に偏りはあるだろうか？　偏りがある場合の原因は？　たとえば、メンターとして指導している相手より、メンターのほうが多い原因は？

●現在のあなたとバーンアウトとの関係について、考えてみよう。あなたの気分と職場（職場のコミュニティ）は関係あるだろうか？　たとえば、あなたは今、教え方や学び方のお手本となってくれる新しいメンターを必要としているだろうか？　仕事に対する持続可能な時間や労力の注ぎ方を発見し、それを新人の教師たちに伝えたいと思っているだろうか？　あるいは、新しい教育者仲間を必要としているだろうか？

●このフレームワークは、あなたにどんな行動を起こしたいと思わせた？　自分が必要としているものを今すぐ与えてくれるネットワークにするには、どうすればよいのだろう？

付録の『ネットワークのリフレクション・ツール』を使って、あなたの仕事上のネットワークを評価してみよう。このツールは、とくにあなたが定期的に感謝を伝えるべき、あるいは、（あなたのサポートを必要としているようであれば）あなたが手を差し伸べるべき相手を特定するにも便利だ。

愚痴（だけ）を言い合うのは注意

私たちの経験上、教師たちが集まると必ずやってしまうことの一つが、愚痴の言い合いだ。とくに同僚が自分の悩みや怒りに同調してくれる瞬間は、気分がいいだろう。ところが、愚痴が愚痴のままで終わると、あなた自身に大きな損害をもたらす可能性がある。同僚に愚痴を言うことだけが感情のはけ口となっている場合は、あなたは知らぬ間にバーンアウトに近づいてしまっているかもしれない。愚痴が毒にならないための方法を、いくつか紹介しよう。

- 教師仲間に愚痴を言う以外にも、感情を表現する方法を見つける。日記を書く、絵を描く、運動をする、違う職業の家族や友人に電話をかける、ボイスメモに気持ちを吐露する、セラピストと話す、などの方法なら、お互いの感情が反響し合って負のスパイラルに陥ることなく感情を出すことができるはずだ。

●どうしても愚痴を言う必要があるときはタイマーをセットし、必ず守る。吐き出したいものはすべて吐き出していいが、タイマーが鳴ったら別の話題に移るか、モヤモヤしていることについて違う話し方をしよう。

●お酒の席で愚痴を言わない。チームの会議でも同様。その場合は、「最初に愚痴を言った人は、次の会議に差し入れのお菓子を持参しなければならない」というようなルールにするのがおすすめだ。

●自分が有意義な影響を与えられるところに焦点を当て、会話の内容を愚痴ではなく解決策に変える。あなたがコントロールできるのは、あなた自身だけだ。他人はコントロールできないことを、忘れてはいけない。あなたのために、そして何よりあなたの生徒のために状況を改善するにあたり、実際に変えられるのは何だろう？

メンターが見つからない場合は？

メンターの本来の意味は、「自分より年上の、賢い、経験豊富な人物」だが、本書では同僚を含め、学ぶことができる相手なら誰もがメンターだと思っている。**もし、まだ自分に合うメンターに出会えていない場合は、メンターとはどんな人かを考え直すことで、メンターになり得る人の数が増えるはずだ。**メンターだからと言って、あなたより年上だったり、教師としての経験が豊富だったりする必要はない。また、あなたが学びたい分野に関する専門知識は持っていたとしても、**あなたが成長したいと願うすべての分野に詳しい必要もない。**

知り合いに、あなたと同じ目標を極めた、または、そこである程度の成功を収めた人はいないだろうか？　メンターを見つけるには、自分が思うメンター候補者以外のところにも目を向けるのもよいだろう。別の学年や教科、専門分野の経験がある人で、あなたが学べる人がいるかもしれない。メンターとの効果的な関係の築き方については、この章を読む以外に、付録の『メンター・マッチングとリフレクション・ツール』も参考にしてほしい。

管理職のターン

仕事上のネットワークを強化することが重要なのは、管理職も同じだ。もし、あなたが校長または学区長の場合、あなたを試し、あなたをサポートし、あなたから学ぶ人たちで構成されたコミュニティも必要だろう。

コミュニティを通して同僚をサポートする

ここ数年で、教師の心身の健康の重要性や、教師たちがセルフケアを優先できるよう学校がサポートする必要性への認識が高まってきている。**真のセルフケアとは、会議を始める前に瞑想をしたり、休み時間に教師同士でヨガをしたり、職員室にドーナ**

ツを差し入れるなどの表面的な解決策ではなく、自分の目的に合う生き方や働き方ができることだ。 教師の仕事を持続可能にするには、構造を変える必要がある。あなたの役職によって、できることには幅があるだろう、それぞれの教師が必要な休憩をとれる授業スケジュールを組む、診療時間内に病院を受診できるようにする、または同僚たちが継続的に協力し合える授業時間を計画する、といった効果の大きい変化を与えられる場合と、そうでない場合がある。いずれにしても、どの管理職も、すべての教師が自らの成長につながる人間関係を築くサポートをすることは可能だ。

たとえば、多くの新米教師にはメンターがいるのに、学校がある日に会えるメンターやコーチがいる中堅教師は極端に少ない。管理職として、どうすれば部下や同僚のニーズを知る機会を作れるだろう？　初任者だけでなく、すべての教師が自分のネットワークを持てるようにするには、どのような習慣を取り入れるとよいのだろう？

また、部下や同僚にバーンアウトの兆候がないか観察し、必要に応じて介入するのも管理職の責任だ（バーンアウトの兆候やリスク要因については第2章参照）。何か困っていそう、あるいは、持続可能ではない働き方をしていそうな教師に気づいたら、彼らに必要なサポートや前進するために変えるべきことについて、率直に話し合う準備をするべきだ。**それが生徒のためにもなる。**

もし、レベッカが管理職とそういう話をできていれば、バーンアウトに苦しんでいたときに救われたかもしれない。反対に、校長を務めるメレディスは、部下や同僚の教師と何度、バーンアウトの対処法について話し合ったかわからないという。双方にとって心地いい話題ではないが、必ず話すべき話題でもある。

コーチングを大切にする

管理職が職員たちのコーチングを大事にしているところを見せることで、そこが学び合う場――ラーニング・コミュニティであると示すことができる。そもそも、学校とはそういう場ではなかっただろうか？　また、学校がラーニング・コミュニティであるという認識は、上から伝わっていかなければならない。管理職であるあなた自身にコーチをつけ、あなたがコーチと会う時間を確保し、どんな指導を受けているか（言える範囲でよいので）他の職員に伝わるようにしよう。さらに、教師だけでなく、学校で働いているすべての大人が十分な訓練を受けた同僚やメンター、コーチと信頼関係に基づいたフィードバックのやり取りができるようにしよう。

また、仕事ができる教師はコーチングも得意だと思われがちだが、コーチングは、教師として教えるのとは別のスキルを必要とする。習得には努力が必要な技術だ。よい教師だからといって、他の教師たちに効果的なコーチングができるとは限らない。コーチやメンターには、それなりの訓練やスキル開発、サポートが必要だ。

職員室のあり方を考える

多くの学校には、教室と別に教師が集まる職員室〔ここで扱うアメリカの「職員室」staff loungeは日本の職員室とは異なり、教職員の休憩スペースを指す〕がある。ところが、その職員室に必ずしも明確な目的があるわけではなく、用途についての意見が割れたり、噂話や行き過ぎた愚痴の言い合いなどを生む有害な環境になったりしているかもしれない。もし、あなたに学校の各教室やその他の部屋の用途に関する決定権がある場合、職員室やその他の職員が集まる場所の目的を明確にし、学校中で徹底させよう。そうすれば、職員室はただの休憩所や愚痴を言うための場所ではなく、解決すべき問題に取り組むための生産的かつ包括的な環境にすることができる。**管理職とは、職員室の目的を明確にし、学校における成長を促すことができる立場でもあるのだ。**職員室の目的と室内の配置との関係について振り返る質問を紹介しよう。

さらに、付録の『協力し合う共同スペースのためのリフレクション・ツール』に追加の質問を載せておいた。このワークシートをアンケートとして職員たちに配布することで、職員室の配置や目的についての彼らの意見を取り入れることができる。

- あなたや職員がいいと思う、職員室の存在意義とは？　暇つぶしやお喋りをすること？　職員同士で何かに取り組むこと？　昼食をとったり、誕生日を祝ったりすること？　研修を行うこと？　職員室の目的を明らかにし、あなたと、職員たちにとっての職員室の目的が同じになるようにしよう。
- 職員室は学校のどこにある？　校長室や副校長室など管理職の部屋の延長上のように感じられる場所に位置しているだろうか？　あるいは、教師が自主性を尊重されていると感じられる場所に位置しているだろうか？

● 職員室には、どのような家具がどんなふうに配置されている？　職員室の目的が学習または協働である場合、机やテーブルは、それらが可能な配置になっているだろうか？　あるいは、お喋りや昼食スペースとして使うことが目的なら、くつろぎ、同僚たちとの仲が深まりそうなソファや座り心地のよい椅子はある？

● 職員室で職員に必要なものは何だろう？　コピー機がある場合は、いつも用紙を補充しているのは誰？　コピー機やパソコン、プリンターに、不具合が起きたらするべきことや業者の連絡先が記載されたラベルなどが貼ってあるだろうか？　教室で使うものは職員室にある？　それとも別のところにある？

● 職員室に、食べ物や飲み物を保管できる清潔なスペースが十分にあるだろうか？　学校から、お菓子や飲み物の提供はある？　冷蔵庫を設置するための条件は？

● 職員室の中で、職員たちは何を目にしている？　職員室に、学校の使命やビジョンがわかるようなものはあるだろうか？　職員たちは、肯定的なメッセージに囲まれている？　職員室に、学校や職員の写真は飾られているだろうか？　生徒や職員の作品、名言は？

出典

1. Lopez, T. (2015). *Why I read a book a day (and why you should too): the law of 33%*. TEDx Talks (15 January). https://youtube/7bB_fVDlvhc (accessed 25 November 2022).
2. 同上

おわりに

「生徒はスポンジと一緒で、見たものを吸収します。目上の人の言葉は、成長する彼らの頭の中の声になります」

――2009年卒、エドワード

自分の目的を掘り起こし、それをあなたが行う教育の営みすべてと結びつけるのは簡単ではない。教師は、生徒の人生やそのコミュニティに影響を与えたい一心で、教育の世界に入ってくるのだ。ところが、私たちが熱中するこの教師という仕事には、多くの壁が存在し、真摯に取り組むすべての教師を疲弊させる。それらの壁を前に打ちひしがれることもあるだろうし、それらの壁について少しずつ学び、変えなければならないところは変え、押し進むことだってできるはずだ。どう押し進み、成長するかは私たち次第であり、いつでも自分の目的に立ち返ることがその中心となるだろう。この本で共有した私たちの体験談が、あなたがあなた自身の体験や目的と結びつき、生徒が必要とする教師、あなた自身が目指す教師になるために、自分にコントロールできることについて考える上で役に立つことを願っている。これからも教育システムを変え、生徒のために公平性と正義を推進する取り組みを続けていくためにも、自分自身を大切にしよう。

バーンアウトに対処するには、これまでを振り返り、自分の気持ちと向き合い、その根底に何があるかを理解する時間が必要なのを忘れてはいけない。自分の情熱や目的を見失いそうなときは、生徒や同僚、友人、家族、内なる声に耳を傾けることが大きな力になる。

この本を完成させるのには、長い年月を要した。また、本のコンセプトも、思いついた当初は2人とも教壇に立っていたが、今はもうどちらも現場教師ではない。それでも、私たちはそれぞれのやり方で、教師たちだけでなく、教育システム全体に影響を与えるべく取り組み、自分たちの目的とつながり続ける努力もしている。そして、苦しいときやバーンアウトの初期兆候が見えたときは、もう一度立ち上がるために、自分の目的を思い出す。最後に、私たちが今どうしているか、また、どうやって炎を燃やし続けているかについて、振り返りたいと思う。

学校管理職としての私について

私はずっと、教師になりたいと思っていた。大学で教育学を学んでいたときには校長になるなど考えたこともなく、リタイアするまで現場教師を続けようと思っていた。ところが、そうこう考えている内に教師として過ごした最後の年に主任教諭となり、校内研修を任され、同僚たちのメンターを務め、管理職チームに加わることとなった。すると、学校により大きな影響を与えられるようになった。

当時の副校長から、彼が転職するつもりであること、そして私が新しい副校長に立候補すべきだと言われたときのことは、一生忘れない。その年度の終わりに、私は確かに自分が副校長になるべきであること、また、この学校について知り尽くしている自分だからこそ、この機会にコミュニティ全体に大きな変化をもたらすべきだということに気づいた。年度終わりの飲み会では、教師として同僚たちと過ごすのは最後かもしれないな、などと思ったのを覚えている。そして同じ頃に、副校長が転職しようとしていることを知らない同僚から、いつかきっと私が学校を率いる立場になるだろうこと、また、そうなった私と働くのが楽しみだと言われた。副校長から、転職することが正式に決定し、翌日にも他の職員に伝えるつもりであるというメールをもらったのは、そのすぐあとのことだ。これらはすべて、私のリーダーとしての人生における運命であり、自分はこのチャンスを掴まなければならないとわかっていた。同じように、副校長を務めていたときには「私が校長になるはずはない」と思っていた。でもこのときも、副校長として成長するにつれて自分のやりたいことを考えるにつけ、それを叶えるためには次のステップに進む——校長になる必要があると気づいた。

副校長のあいだは、いくら自分が校長になったところを想像しても、それほどの責務を負う自信はもてなかった。今になって考えると、教育の世界で、校長ほど過酷な責務を背負う心の準備がある人はどこにもいないだろう。校長になると、スクール・コミュニティにいるすべての人が、あまねく生徒の状況をよくするために取り組む環境を整えなければならない、という大きなプレッシャーがある。**校長が心配しなくてもいい、あるいは正さなくていい問題など存在しない**。とてつもない挑戦ではあるが、一番苦しいときに頭に浮かぶのは、私がよりよい教育者となるために背中を押してくれた一人一人の生徒の物語だ。今、校長としての私があるのは、彼らの声、そして彼らの情熱のお陰なのである。

レベッカのターン

教師を辞めた理由

私が教師を辞め、さらに公教育のシステムを抜け出して自分の会社を始めたことが、この本にとって触れづらい話題となっていないかが心配だ。この本を執筆するあいだ、私は読者から不信感を持たれたり、信用できないと思われたりしないだろうか、という不安を抱き続けていた。職場や教師同士のコミュニティでこの本について話しているときも、なぜか謝っていたり、自分にも教師のバーンアウトについて語る権利があると思う理由を説明したりしていることに気づいた。一見するとバーンアウトのせいで教師を辞めたかのように見える私が、どうしてその防ぎ方を教えられるというのだろう？

バーンアウトした教師をサポートすることへの自信のなさから申し訳なく思っていたとき、かつて私のコーチだったアレキシスからこんなふうに言われた。「**あなたのバーンアウトの原因は教師という仕事ではなく、学校だったでしょう**」。すでにコーチではなく仲間で友人となっていたアレキシスは、まだ私に鏡を向け続けてくれていたのだ。その一瞬で、私は自分自身の中に新たな何かを発見した。

２０１３年に学校を辞めて学区のコーチになった理由は、教師の仕事が原因でバーンアウトしたからではない。**当時いた学校で、その先も自分の目的に合った学びや成長ができると思えなくなったからだった。**別の学校を含め、他にも転職先はたくさんあったのだが、その夏は、不妊治療の合間にその原因を突き止めるための手術まで予定していた。そのため、学区のコーチというポジションが目の前に現れたときは、自分の学校生活に欠けていたものを、いち早く簡単に変えられそうな予感がして、そのチャンスに手を伸ばしたのだ。

その後、２０１７年にその仕事を辞めたのも、学校教育が原因でバーンアウトしたからではない。私がいたチームへの予算が途絶えたのと、お役所的な資格に関するルール上、別のチームに移ることが許されなかったからだ。他に、教師に戻るか一つの学校で専属のコーチをする選択肢もあったのだが、それまで4年間やってきたコーチングのスタイルに大きな影響を受けて新しい目的ももっていたため、そのコーチングのスタイルを続けたかった。たとえ自分一人でフリーランスのコーチとして、公教育システムの外でそれをやらなければならなくなるとしても。

私たちは、どこへ向かうのか

アレキシスが向けてくれていた鏡は、私はバーンアウトが原因で教師を辞めたわけではないことを教えてくれた。私が学校を辞め、学区を離れたのは、バーンアウトを防ぐためだったのだ。この場所では無理だと判断した上で、自分の目的に合う働き方を続けるために辞めたのだ。現在の私の仕事は、自分で作った会社での、児童書を扱う一風変わった本屋と教育コンサルタント事業だ。教師や学校、管理職、保護者、地域団体、非営利団体、政府機関、公共の公園、家族用シェルター、その他の小企業とともに、アメリカの教育システムおよび社会における学習と識字能力の現状を変えようとしている。私は、教師や学区の仕事を辞めたことは後悔していないが、いくつか恋しいと思うことや今はやりたくてもできなくなってしまったことはある。私とパートナーが、最終的に子どもをもたない決断をしたのに少し似ているかもしれない。2人とも100パーセント正しい選択をした自信はあるものの、もし別の道を選んでいたらどんな人生になっていただろう、と考えることはあるからだ。私は、それを影の人生、あるいは、目には見えないけれど、常に後ろからついてくるグレーアウトした自分の物語というふうに考えている。

教師が公立学校を辞めると、まるで悲劇のような扱いを受けることがあるが、それは見直されるべきだろう。突き詰めれば、自分の学校どころか、自分の学区や市の生徒だけが自分の生徒ではない。どこにいるどの生徒だって、自分たちの生徒なのだ。やる気に溢れ、目的をもった教師が生徒たちのために働き続けたいと望み、それを特定のシステムまたは行政の中ではできないと感じたとしても、それは悲劇などではなく、チャンス――すべての生徒と教師をサポートする教育のエコシステムを構築し続けるための――なのだ。ところが、このチャンスを生かすには、そうした教師にとって今のシステムがうまくいかない原因をよく考える必要がある。

この本では、一人一人の教師とそれを支える管理職が、どうすればバーンアウトを防ぎ、回復させられるかに焦点を当てている。それこそが、メレディスと私が最大限の力を発揮できるところだと思っているからだ。**ただし、もし学区や州、国レベルでの力をもつ読者がいたら、「教師にとってバーンアウトは職業病のようなもの」というような扱いがなくなるよう、システムを変える必要があると伝えたい。**教師が目的をもって仕事に取り組めていると感じられるようにするには、本人たちだけでなく、仕事そのものが変わる必要がある。

あなたのターン

あなたは、どこへ向かうのか？

未来の自分に手紙を書いてみよう。今のあなたの目的は何だろう？　あなたのwhyに合う生き方や働き方をすることについて、どんな希望や恐怖を感じている？　手紙を書くにあたって、この本を通して書いたリフレクションを参考にするとよいだろう。そして最終的には、あなたが共感した章に戻り、その章にある質問やアクティビティに、さらに深く取り組むことを勧める。

書いた手紙を封筒に入れ、宛先にあなたの住所を書き、十分な金額の切手を貼り、信頼できる人に渡そう。そして、5年後にポストに投函してもらおう。実際に、私たちもこのアクティビティを自分で行い、さらに生徒にもやってみてもらったことで、未来を思い描き、過去から学ぶことの力強さを痛感した。**自分の目的と再び強い意志を持って向き合うのに、早すぎることも、遅すぎることもないのだ。**

謝辞

ジェイムズ・ソロモン、まだよく知りもしない私たちを信じてくれて、ありがとう。ローレンス・ゴールドバーグ、マヤ・ハリダット、ステフェン・モチカ、クリステン・ターナー教授、出版業について、かけがえのないアドバイスをありがとうございました。執筆に疲れた私たちのオアシスになってくれたシェルビー・スプラング、ありがとう。この本を実現させてくれたジョジー・バスとワイリー出版社のチームの皆さん、大変お世話になりました。皆さんが、自分たちが何を知らないのかも知らなかった私たちを導いてくれ、本当に助かりました。

それから、寛大にも本書の早版を読み、フィードバックに時間を割いてくれたメンターと同僚のエレナ・アギラール、カルロス・ビート、ジェフェリー・ガレット、マーシャル・ジョージ、アレキシス・ゴールドバーグ、ビル・ジョンソン、ジェジカ・マーネイン、アイブリス・ラモス、シェルビー・スプラング、クリステン・ターナー、デイビッド・ワインバーグ、キャロリン・ヤフ、ありがとう。あなたたちがくれた時間とサポートに、心から感謝しています。

また、本書に名言を載せることを許可してくれた卒業生や在校生のマイケル・バリエントス、エドワード・チャン、チェレリニス・フィルポ、マーサ・メンドーザ、レイアンナ・サントス、エミー・ショーフ、エリー・スークハンシン、テヴィン・ウィリアムズ、ありがとう。私たちがこの仕事をしているのは、あなたたちのためです。

そして、ローレンス・ペンダーガスト、マシュー・ウィロービー、マドゥ・ナラヤナン、私たちより先に私たちのリーダーとしての素質に気づき、さらに、私たちが自分たちの情熱を探究し、自分たちの目的への理解を深め、指導や学習に関する重要な問題に取り組める責任を与え、経験をさせてくれて、本当にありがとうございました。皆さんの影響は、本書のいたるところに生きています。

メレディスのターン

私と本書を大切にしてくれたすべての人へ、ありがとう。私の頼りになる夫のマイク、執筆中を通して支えてくれたお陰で、人生の目標を達成できた。マックスとルーク、あなたたちの、私が本を書くことへの大きな驚きと励ましは、日々の力になりました。両親のステファンとマーラ・パーメット、兄、義姉、甥のジャスティン、ヘレンとナコビ・モーガン・パーメット、その他パーメット家、スタイヤー家、マットソン家のみんな、本当にありがとう。それから、いつも私を信じてくれている友人たち。私が一番あなたを必要とするときに元気づけ、アドバイスをくれ、子どもたちを見てくれ、泣きたいときには肩を貸してくれ、数多くの幸せなときには一緒に笑ってくれて、ありがとう。そして、仕事上のネットワークにいる人たち、毎日のように私にやる気を起こさせ、本書においては大きな刺激をくれた在校生や卒業生たちにも、心から感謝しています。最後に、本書が実現し、夢が叶ったのは、私を導く光である、愛する母から譲り受けた強さだと思っている。母のナンシー、あなたの光は本書を通しても輝いています。愛してる。

レベッカのターン

ショーフ家、ドゥゴーニ家、バーンサイド家のみんな、今の私を作ってくれ、いつも応援してくれて、ありがとう。とくに姉妹としてともに育ったエリザベスは、私の一番のチアリーダーで、最高のお客さんで、個人的なヒーローだと思っています。それから、本書の執筆を通して—つまりパンデミック中も—私を支えてくれたレイチェル・ベロ、リズ・マダンス、その他すべての友人たち（教育関係の友人もそうでない友人も）、本当にありがとう。そして究極的には、亡き祖母のメアリー・レポスキー・ドゥゴーニがいなければ、私の中には炎は燃えていなかったでしょう。彼女がマッチに火をつけ、両親のデーブとダイアン・ショーフがそれを焚きつけ、私の生徒や同僚たちが炎をあおり続けてくれているのです。

私たちのターン

最後に、そして何よりも、アーバン・アッセンブリ・スクール・オブ・デザイン・アンド・コンストラクションの在校生および卒業生、教職員のみんなに、心からの感謝をこめて。あなたたちがいなければ、この本は存在し得なかったでしょう。

訳者紹介

佐伯 葉子（さえき・ようこ）

出版翻訳者。小・中学校時代の5年間と大学の1年間をアメリカで過ごす。大学生と高校生の3人の子供たちがいる。2013年7月に夫の転勤に伴い再び渡米したのち、2020年夏に帰国。2014年の出版翻訳者デビュー以来、訳書多数。『マインドセット学級経営』、『TAKE BACK THE GAME 子供たちのスポーツを取り戻せ!!』（ともに東洋館出版社）など。趣味は家族と過ごすこと、パンやお菓子づくり、読書、寝ること。

【付録コンテンツのご利用について】

■ダウンロードの手順

付録については、以下のQRコードからアクセスできます。こちらからダウンロードしてください。

ユーザ名：reflectionguide
パスワード：moetsuki

■注意点および著作権について

・著作権法での例外規定を除き、無断で複製することは法律で禁じられています。
・収録されているファイルは、営利目的であるか否かにかかわらず、第三者への譲渡、貸与、販売、頒布、インターネット上での公開を禁じます。

燃え尽きそうな先生のための
リフレクションガイド

2024(令和6)年7月31日　初版第1刷発行

著　者———————メレディス・マットソン／レベッカ・ショーフ
訳　者———————佐伯 葉子
発行者———————錦織 圭之介
発行所———————株式会社東洋館出版社
〒101-0054　東京都千代田区神田錦町2-9-1
コンフォール安田ビル2F
代　表　TEL：03-6778-4343
FAX：03-5281-8091
営業部　TEL：03-6778-7278
FAX：03-5281-8092
振　替　00180-7-96823
U R L　https://www.toyokan.co.jp
本文デザイン・組版—内藤富美子＋梅里珠美（北路社）
装　丁———————藤塚尚子(etokumi)
装画・挿絵—————北野 有
印刷・製本—————株式会社シナノ

ISBN 978-4-491-05550-3／Printed in Japan